统一市场建设
与风险共担

陈朴 著

中国发展出版社
CHINA DEVELOPMENT PRESS

图书在版编目（CIP）数据

统一市场建设与风险共担 / 陈朴著． — 北京 ：中
国发展出版社，2025．2． — ISBN 978-7-5177-1448-4

Ⅰ．F723

中国国家版本馆 CIP 数据核字第 2024U8L146 号

书　　　名：统一市场建设与风险共担
著作责任者：陈　朴
责 任 编 辑：沈海霞
出 版 发 行：中国发展出版社
联 系 地 址：北京经济技术开发区荣华中路 22 号亦城财富中心 1 号楼 8 层（100176）
标 准 书 号：ISBN 978-7-5177-1448-4
经 销 者：各地新华书店
印 刷 者：北京盛通印刷股份有限公司
开　　　本：710mm×1000mm　1/16
印　　　张：13
字　　　数：214 千字
版　　　次：2025 年 2 月第 1 版
印　　　次：2025 年 2 月第 1 次印刷
定　　　价：58.00 元

联 系 电 话：（010）68360970　67892670
购 书 热 线：（010）68990682　68990686
网 络 订 购：http：//zgfzcbs.tmall.com
网 购 电 话：（010）88333349　68990639
本 社 网 址：http：//www.develpress.com
电 子 邮 件：841954296@qq.com

在过去七十多年里，尤其是在改革开放以来的四十多年里，中国经济经历了快速增长。中国已经发展为世界第二大经济体。改革开放在经济建设方面的特征可以概括为两点：一是逐步构建有效率的全国统一市场，努力实现各种生产要素以及各种产品和服务在全国范围内的自由流动；二是积极融入世界市场，深度参与国际分工。这两点都是促进中国经济持续高速增长的根本动力。

党的二十大报告指出，我国发展进入战略机遇和风险挑战并存、不确定难预料因素增多的时期。在这一阶段我国必须完整、准确、全面贯彻新发展理念，坚持社会主义市场经济改革方向，坚持高水平对外开放，加快构建以国内大循环为主体、国内国际双循环相互促进的新发展格局。而对于推动高质量发展，党的二十大报告提到了五个方面的内容：构建高水平社会主义市场经济体制、建设现代化产业体系、全面推进乡村振兴、促进区域协调发展、推进高水平对外开放。党的二十大报告中对于我国现阶段发展的判断，及其所提到的"新发展理念"和五个方面的内容，都体现了党中央、国务院对于化解企业、行业、区域和国家风险，以及通过统一市场建设推动经济发展的高度关注。

风险与统一市场建设之间存在紧密联系。首先，通过有效的风险共担机制，可以缓解企业、行业、区域甚至国家的相关风险。例如，完善金融市场可以降低出现风险的可能性。这种风险共担机制可以通过改变资源配置来促进经济的长期增长。一般来讲，风险厌恶者并不偏好高风险、高回报的项目。

金融市场通过风险共担机制可以开放资金流入高风险项目从而获得较高的期望收益。因此，风险共担机制可以带来较高的福利提升。其次，建立统一市场推动经济发展的机制也与风险共担机制相关。制定完善的风险分担机制，建立统一市场可以促进要素、产品、劳动力的流动，通过更强的专业化生产来推动经济快速增长。

国家间的风险共担机制一直以来是国际经济学研究的重点。国际风险共担通常反映了国家消费波动同国家特定产出波动脱钩。消费和产出之间脱节主要可能是由国际借贷和资本流动造成的。完善的金融市场，将有助于国家为自身的风险提供相应保险。此外，大量的理论研究表明，国家间的风险共担所带来的好处可能较大。首先，一国过量储蓄可以通过金融市场流入其他国家进行投资，从而推动经济增长。其次，国家间共担风险可以使个人和企业持有国外资产从而减少本国收入的波动。最后，当国家受到特定冲击时，其所持有的其他国家的资产可以帮助缓和对冲所带来的影响。

区域间的风险共担和经济发展最近也成为宏观经济学和发展经济学研究的重点。区域间专业化生产模式已经成为推动区域间经济发展的重要因素之一。专业化生产可以通过比较优势、规模经济和聚集效应推动经济发展，但是专业化生产也会产生特定的风险使区域间经济受到冲击。有效的风险分担机制可以为区域间经济体提供特定风险的保险。因此，通过区域间的风险共担机制可以实现更大程度的专业化生产并推动经济发展。

经济中个体收入分布情况和异质性风险的结构会对宏观变量产生显著的影响，而对个体收入分布同宏观变量之间关系的研究主要依赖于个体间的风险共担机制。大量的实证研究发现，完全风险共担的市场假设和永久收入下自我保险的机制难以得到验证。信息不对称的程度或承诺契约的难度通常导致对个体风险不完全的风险共担。理解个体之间的风险共担也可以帮助我们更好地理解经济增长的机制。

通过以上对统一市场建设和风险共担机制的简要讨论，我们可以看到，经济学家在最近几十年中利用现代经济学的分析工具，对风险共担机制以及统一市场建设在其中所扮演的角色进行了大量研究。这些研究对于完善我国市场机制，建立统一大市场，提供了必要的洞见。

笔者一直对风险共担和统一市场建设等问题有浓厚兴趣，一直追随前人的研究，希望在这个领域能够有所突破。本书是笔者多年来相关研究的总结，其结构安排如下。第一章对风险共担和统一市场建设的相关文献进行总体梳理和概述，并详细讨论两者之间的关系。第二章着重讨论统一市场建设与经济增长之间的关系。第三章和第四章研究了统一市场下国外冲击对于区域经济和金融市场的传导机制。第五章讨论了在双曲贴现偏好下，有效风险共担和不完全承诺之间的关系。第六章和第七章主要研究了风险共担机制下匹配对于风险的影响。

陈朴

2024 年 12 月

目 录

第一章

统一市场建设和风险共担

　　国家内部统一市场建设和风险共担是现代经济学的重要议题。通过消除贸易壁垒和促进内部经济要素自由流动，国家可以创造更统一、高效的市场。然而，这一过程伴随着大量风险和挑战。国家也需要降低金融风险、稳定市场波动等。通过加强风险共担机制的建设，可以提升市场稳定性和促进经济可持续发展。统一市场建设涉及的领域非常广泛，包括区域贸易、金融市场和劳动力市场等各方面。本章分别介绍统一市场建设、风险共担以及二者的联系。

统一市场建设是指在国内建设全国性的统一市场。通过建设统一市场，进一步规范国内市场，消除地方保护主义、市场分割和限制经济要素流通的障碍，促进商品和服务的顺畅流动。因此，建设全国统一市场对宏观经济有着重要的影响。建设统一的全国市场可以充分发挥市场在促进竞争和深化劳动分工方面的优势，在更大范围内优化资源配置，提高效率，并促进经济健康发展。统一市场也能够充分发挥市场在促进竞争和创新方面的优势，为新质生产力的发展注入新动能。

一、统一市场建设理论基础

统一市场建设理论主要源自经济增长理论。在过去的几个世纪，经济增长理论的核心问题之一是解释国家间人均收入的巨大差异。从亚当·斯密探究国家财富的性质及其增长原因开始，到托马斯·马尔萨斯对于国家经济增长前景的错误预测，国家间人均收入的巨大差异成为早期经济学家试图解决的重要问题。当前国家间的人均收入差距越来越大，高收入水平通常反映高生活水平。当我们比较发达国家和欠发达国家时，收入差距直接体现在生活质量和健康水平上。因此，理解国家间人均收入巨大差异的成因变得越来越重要。同时理解这一问题也能够帮助我们更好地理解不同国家的经济组织以及它们的运作方式。

宏观历史数据显示，国家间的人均收入差异很大程度上来源于19世纪到20世纪不同国家经济增长速度的差异。此外，数据显示，第二次世界大战之后国家间的收入差距并没有出现条件收敛，但是特征类似的国家之间出现了有条件的收敛。这些事实一方面说明通过研究现代经济增长可以使我们更好地理解国家间的收入差距问题，另一方面也说明国家的某些特点可能同经济增长相关。这些事实的发现极大地推动了经济增长理论的发展，经济学家开始研究经济增长的机制来发掘影响经济增长的根本原因。值得注意的是这些典型事实和理论为统一市场建设理论的发展奠定了基础。

罗伯特·索洛和特雷弗·斯旺在 1956 年发表了两篇开创性的文章（Solow，1956；Swan，1956），并在文章中介绍了索洛经济增长模型（Solow growth model）。罗伯特·索洛从不同角度研究了该模型并用其解释经济增长，也因其作出的贡献被授予诺贝尔经济学奖。索洛经济增长模型对于复杂经济的简单刻画，使其成为研究经济增长的基础模型，并衍生出大量复杂模型。索洛经济增长模型是以两个方程为基础构建经济增长框架的。生产函数是索洛经济增长模型的核心方程之一。生产函数刻画了宏观经济是如何利用投入品生产产出品的。索洛经济增长模型中第二个核心方程刻画了资本积累。通过对索洛经济增长模型核心方程的分析，可得出以下结论：第一，投资率和人口增长率以及外生技术差异能够解释人均收入的差异；第二，技术进步能够促进经济持续增长。索洛经济增长模型通过简单的框架使我们能够讨论资本积累和技术进步对经济增长的影响。但是，索洛经济增长模型并没有加强我们对经济增长的理解。在索洛经济增长模型中，如果没有技术进步，就无法实现持续的经济增长。在这种情况下，索洛经济增长模型只能够讨论收入差异，而无法讨论增长差异。此外，索洛经济增长模型通过引入外生技术进步得到人均收入的增长。而对于技术进步，索洛经济增长模型并没有给出解释，只是把它当成"黑盒"。如果技术进步是最为重要的因素，那么我们必须研究并了解哪些因素会推动技术进步，是什么促使公司和社会创造更好的技术，以及促使公司和社会采用这些技术的原因。资本对于经济增长的影响，通过索洛经济增长模型也无法得到满意的答案。

为探讨资本积累和技术进步对经济增长的影响，在索洛经济增长模型的基础上，新古典增长模型逐渐开始发展。新古典增长模型最早来自拉姆齐（1928）的经典模型，因此也被命名为拉姆齐模型。当前的新古典增长模型同 Cass（1965）和 Koopmans（1965）的最优增长分析最为相关。新古典增长模型与索洛经济增长模型的最大差异在于：新古典增长模型明确了消费者最优化问题并将储蓄内生化。在新古典增长模型中，我们通常假设经济中由单位测度的无限期家庭组成，每个家庭每期都存在效用函数，且效用函数满足特定性质要求。以此，我们可以构建代表性消费者的最优化问题。通过设定消费者最优化问题，新古典增长模型可以将储蓄率同效用函数、折现率、技术和价格联系在一起。因此，新古典增长模型的主要贡献一方面在于理解资本积累的机制；另一方面通过设定效用函数，能够比较均衡和计算最优增长。通过新古典增长模型的设定，我们可以讨论资本积累、人力资本积累和内生技术进步。同索洛经济增长模型类似，新古典增长模型并不能完全解释经济增长的基本原因。通过新古典增长模型，我们可以看到经济增长的差异仍旧源于储蓄、技术和人力资本投资，而这些因素在新古典增长模型中是由偏好和技术进步中的其他要素决定的。

全面分析国家间收入差异和持续经济增长的动态过程，我们需要考虑内生化技术选择和技术进步。内生技术进步的关键是企业通过研发获取更高的利润，通过研发所获的新技术能够提升已有要素的生产力。最早有关内生技术进步的研究来自 Romer（1987，1990），Segerstrom et al.（1990），Grossman and Helpman（1991a，b），Aghion and Howitt（1992）。在这些早期内生技术进步的研究中，关键机制之一是企业能够通过研发增加投入品的种类。在这类模型中，技术进步促进了新的投入品的出现，新的投入品的出现又带来了更大规模的分工，从而提升了最终产品的生产力。同企业增加投入品种类的机制不同，另外一种内生技术进步的机制是消费者偏好更多种类的产品，并通过消费更多种类的产品获得更高的效用。在这一类模型中，企业通过研发创造更多的产品来满足消费者的需要。这些早期的内生技术进步的研究说明了技术进步的决定因素来自国家的研发。但是，在实际中，国家不仅通过研发来获得技术进步，也会通过获得前沿技术来获得进步。技术溢出效应是国家技术进步的重要源泉。因此，早期内生技术进步的研究主要强调了技术内生的特点和影响技术投资的因素。

通过增加投入品种类只是创新的一种方式。在实际中，更多的创新来自已有产品质量的提高和成本的下降。因此，扩展产品种类的内生增长模型并不能很好地刻画创新的竞争特性。竞争性创新的假设逐渐开始被内生增长模型采纳。竞争性创新导致了质量的改进或成本的降低，这会直接引入替代效应。这也意味着与当前处在行业中的公司相比，刚进入行业的公司在研发中应更加积极。此外，竞争性创新会导致生产商之间直接的价格竞争。某一行业内的企业和准备进入该行业的企业之间的竞争可能会导致过度研发，新的企业可能会取代行业内已有的企业。竞争性创新的内生增长模型被称为熊彼特增长模型（Schumpeterian growth models）。竞争性创新的理论最早由 Aghion 和 Howitt（1992）提出。Grossman、Helpman（1991）和 Aghion、Howitt（1998）在此基础上对其作出了全面的完善。竞争性创新模型的基本结论强调了企业在创新和产品市场上竞争的重要性，使新产品取代旧产品，最终导致新企业取代旧企业。尽管竞争性创新模型的设定要比扩展产品种类的内生增长模型复杂，但是竞争性创新模型的基本结论同内生经济增长模型基本类似，经济增长率是由旧产品的取代率决定并会影响创新的价值。此外，竞争性创新模型也可以帮助我们理解创新的产业组织管理。创新会导致市场结构发生内在变化。如果在模型中引入累积创新，市场结构中的垄断价格会不断调整，市场结构也会被内生决定。因此竞争性创新模型可以成为分析产业政策的基本框架。

虽然了解影响经济增长的直接因素很重要，但我们更愿意了解影响国家拥有充足物质资本、人力资本和先进技术的基本因素。只有了解了影响经济增长的基本因素，我们才能理解经济增长的核心机制。North、Thomas

（1973）和 Diamond（1997）最早区分了影响经济增长的直接因素和基本因素。

经济学家在过去几十年中提出了众多影响经济增长的基本因素，例如地理、文化和制度等。这些也成为统一市场建设理论的关注重点。以下我们简要讨论这些因素同经济增长以及统一市场建设之间的关系。

贸易、地理和生产力是影响经济增长的重要因素。贸易可以通过增加竞争和提高效率来促进经济增长。贸易成本，如运输成本，可能会使不同地区之间的商品和服务交易变得困难且昂贵。这可能导致高贸易成本地区的经济增长较慢。当国家之间进行贸易时，它们能够专门生产具有比较优势的商品和服务。这种专业化可以降低成本并提供给消费者更高质量的商品和服务。此外，贸易还可以导致更多竞争，迫使企业变得更加高效。地理位置在决定贸易模式方面也起着重要作用。距离更近的国家间更有可能开展贸易，因为运输成本较低。此外，气候和自然资源相似的国家间也更有可能进行贸易，因为它们可以生产类似的商品和服务。生产率决定了给定数量的投入可以生产出来的产品产量。通过创新、投资和教育可以提高生产率。当生产率提高时，企业可以用同样数量的投入生产更多的商品和服务。这可能会导致产品价格下降、工人工资上涨以及就业机会增加。贸易、地理位置和生产力三个因素相互关联。贸易能够促进提高生产力，而这又能够带来价格下降和工资上涨等好处。这使得企业竞争变得更容易，并且还能促进创新与投资等活动发展。所有这些因素都有助于经济增长。鉴于此，政府可以通过制定政策对经济发展产生重大影响。促进自由贸易的政策，例如通过减少关税和配额等措施，可以带来更多的贸易和经济增长。贸易协定也可以减少或消除关税等贸易壁垒，从而使企业以更便宜的价格和更便利的方式在其他国家销售其产品和服务。此外，投资基础设施（如道路、桥梁和机场）的政策可以通过降低物流成本来促进经济增长。投资教育和医疗保健的政策也可以通过提高生产率来促进经济增长。

二、统一市场建设关键因素

通过对经济增长理论的回顾，我们可以看到，存在某些影响经济增长的基本因素。这些因素成为统一市场理论讨论的焦点。大量研究详细探讨了这些因素，并突出了每种因素所面临的挑战和机遇。本节我们将讨论这些重要因素并讨论其影响统一市场建设的机制。

（一）贸易和地理因素

区域贸易和地理因素是统一市场建设的重要问题。区域贸易和地理因素密切相关。通常来讲，距离和边界在塑造贸易模式中起到了至关重要的作用。地理因素将影响运输成本、自然资源的可用性以及市场位置。一般来说，相距较近的国家往往更多地进行贸易，而相距较远的国家则往往较少进行贸易。比如，欧盟与其邻国之间的贸易关系。欧盟已经促进了其与土耳其、乌克兰等邻国间的商业整合，以促进该区域内部经济增长和稳定发展。但是，地缘政治壁垒、政治局势以及经济差异等因素会使这一进程面临较大的挑战。地理因素还影响着自然资源的可用性，从而影响贸易模式。

为了应对地理因素带来的挑战，政策制定者需要实施各种贸易政策和经济发展战略。其中一个重要的策略是投资于基础设施，例如道路、港口和机场，以降低运输成本并促进贸易发展。另一个策略是推动区域整合，例如建立自由贸易协议或区域经济组织，以减少贸易壁垒并促进经济增长。

此外，地理因素在塑造贸易分配结果方面也起到了重要作用。传统的贸易理论通常会忽略地理因素在塑造贸易分配结果方面所发挥的作用。但是，大量的实证数据和研究都显示，如果一国行业空间分布不均且生产要素不完全流动，则国内不同地区劳动力市场对贸易冲击的暴露程度也会有所差异。例如，如果某个特定行业集中在某个地区或城市，并且由于国际贸易而遭受到负面冲击，则该地区的工人可能会比其他地区的工人受到的影响更大。这可能对一个国家内不同地区的收入和就业产生不同的分配后果。政策制定者在设计贸易政策和干预措施时应充分考虑这些贸易政策所带来的分配结果。例如，政策制定者可以考虑实施有针对性的政策来支持受到贸易冲击影响最大地区的工人和产业。政策制定者应考虑投资于基础设施建设或教育培训，以帮助受影响地区的工人转向新的行业或职业。这有助于减轻贸易冲击对当地劳动力市场的负面影响，并促进经济增长和发展。当制定区域发展政策时，决策者应考虑地理因素在塑造经济效果方面的作用。例如，投资于交通基础设施或促进聚集经济发展可以促进区域发展并缓解地区收入不平等。更加深入了解地理因素在塑造经济效果方面的作用有助于制定更有效的贸易和区域发展政策。

在这一研究领域，我们通常考虑利用定量空间模型将外生地理和内生地理因素作为经济活动的决定因素。外生地理因素是指经济主体无法控制的自然资源、气候和地形等因素。内生地理因素通常指企业和员工的位置选择，这些选择会受到产业集聚、贸易成本和当地基础设施等因素的影响。量化空间模型通常能够在给定内生变量的观测数据和模型参数值的情况下，唯一解出未观测到的外生位置特征，以使观察到的数据作为均衡结果。利用这类模型我们能够估计外生和内生地理因素在塑造经济结果中的相对重要性。这些模型已被用于研究与贸易和地理因素有关的主题，包括贸易自由化对区域收入不平等的影响、交通基础设施在塑造区域发展模式中的作用以及区域经济发展对企业生产率的影响。通过将外生地理因素和内生地理因素纳入分析，这些模型能使我们更全面地了解不同因素如何相互作用来塑造不同地区的经济效果。

（二）跨部门和跨地区的贸易联系

跨部门和跨地区的贸易联系是统一市场建设理论讨论的重要内容之一。部门和区域贸易联系是指经济中不同部门和地区之间的联系。这些联系可以显示一个部门或地区的变化如何影响其他部门或地区。跨部门贸易联系通常指的是不同产业之间的贸易往来。这种贸易联系能够促进生产效率的提高，每个产业都可以专注于自己的优势领域，同时从其他产业中获得所需的资源和服务。例如，一个行业进行生产可能需要来自另一个行业的投入，如原材料或中间产品。因此，一个行业生产率或产出量的变化会对依赖其投入物资的其他行业产生连锁影响。跨地区贸易联系指的是不同地区之间的贸易往来。这种贸易联系能够促进经济发展，不同地区可以充分利用各自的资源和优势。例如，生产某种特定商品的地区可能将其出口到其他未生产该商品的地区。因此，在一个地区提高效率或增加输出量会对依赖其出口物资的其他地区造成连锁影响。

以下我们简要讨论跨部门和跨地区的贸易联系的具体例子。

部门间贸易联系：假设汽车制造业需要钢铁作为输入原料。如果钢铁行业的生产率提高，可能会使钢材成本降低，从而降低汽车生产成本。这可能会导致汽车行业对供应汽车其他零部件的部门（如橡胶或玻璃制造商）的需求增加，产生积极影响。

地区间贸易联系：假设某个地区专门生产农产品并将其出口到其他地区。如果该地区发生干旱导致农产品减产，则可能会使这些产品价格上涨。这可能会对依赖这些农产品作为生产过程中的投入品（如食品加工或动物饲料制造）的其他地区产生负面影响。

部门间和地区间贸易联系：假设某个地区专门从事石油和天然气开采，并将其出口到其他地区。如果由于新的钻探技术而使该行业的生产率提高，则可能会导致石油和天然气开采成本降低。这可能会对依赖这些能源作为生产投入的其他部门（如交通运输或电力部门）产生积极影响。此外，如果该地区将其石油和天然气出口到其他国家，则全球需求或价格的变化也可能通过地区间贸易联系影响该地区经济。

推动跨部门和跨地区的贸易联系是构建统一市场的重要步骤。了解这些关系对政策制定者来说也非常重要，他们可以据此设计针对特定领域或地区以最大限度促进整体经济增长的政策措施。此外，了解这些关系还可以帮助决策者评估不同干预措施的有效性，并作出有关资源分配的明智决策。

如何理解跨部门和跨地区的贸易联系对于宏观经济的影响是当前统一市场建设研究的重要问题之一。大量研究试图结合部门间和地区间贸易联系，来衡量当地和部门生产率以及基础设施变化对宏观经济的影响。借助相关模型，我们可以利用地区和行业生产率、GDP 和就业数据计算总体、地区和部门弹性，即任何地区或任何部门生产力变化对 TFP（全要素生产率）、GDP 和就业的影响。这类模型的构建通常要依赖多部门一般均衡模型，来显示宏观经济中不同行业和地区之间复杂的相互作用，并利用这个模型来模拟当地或者某个特定领域生产率变化对不同地区经济的影响。

这类研究通常具有显著的政策含义，能够为政策制定者制定相应的政策提供依据。政策制定者还可以利用计算所得到的弹性结果评估不同干预措施的效果，并作出关于资源配置的正确决策。在模型中引入跨部门和跨地区的贸易联系，有助于构建详细的框架，用于理解地区或部门生产率变化如何影响区域发展，并为促进不同地区经济增长相关政策的制定提供参考依据。

（三）国内生产网络

国内生产网络也是统一市场建设研究的重要内容。国内生产网络是指生产中间产品的企业与使用这些产品的企业之间的关系。这些关系可以表现为许多形式，包括正式合同、非正式协议或基于信任和声誉的互动。国内生产网络的建立对于宏观经济来说有重要的意义。第一，可以通过提供专门化投入和规模经济来帮助企业降低生产成本。第二，可以促进知识和技术在企业之间转移，从而促进创新和生产率增长。第三，在面对外部冲击时，可以通过提供替代产品来增强经济韧性。

技术进步会通过生产链传播，生产网络会放大技术进步所带来的影响。如果一个行业拥有更长的生产链通常会偏向于更快速地降低产品的价格；如果一个国家拥有更长的生产链则其 GDP 会更快速地增长。生产链更长的行业将经历更快的价格下降，因为它们既受益于自身生产力的提高，也受益于上游供应商生产力改进的积累。生产链更长的国家更有可能从其他国家的技术改进中受益，因为这些改进可以沿着全球供应链传播。由于生产链所带来的技术进步的强化效应，实际工资的上涨可能会推动创新，减少对中间产品的劳动需求，从而随着时间的推移延长生产链。这种效应是由企业寻求通过自动化或外包某些业务来降低劳动成本所驱动的。此外，国际贸易也会对生产链产生影响。国际贸易主要通过引发生产和最终需求模式的变化为生产网络的变化提供另一个潜在动力。例如，贸易模式的变化可能会引起一个国家进出口商品结构的调整，从而影响其在全球供应链中的地位以及其对其他国家技术进步的获取能力。这些机制有助于解释生产网络如何放大经济增长效果，并强调在分析经济趋势和政策时考虑这些网络的重要性。大量的实证研究证明，生产链在价格变化和长期输出增长中具有关键影响。

大量研究明确了国内生产网络在确定国际贸易对企业单位成本和消费者价格影响方面的重要性。通常来讲，国内生产网络中所形成的买方－供应商关系会减轻大规模负面贸易冲击（即外国价格大幅上涨）造成的损失，并放大大规模正面贸易冲击（即外国价格大幅下跌）所带来的收益。

在形成生产网络的过程中，企业可以从国内供应商或外国生产者那里采购原材料，并且可以将其产品销售给国内消费者、其他企业或外国买家。具体而言，企业可以根据进口价格变化与其他企业建立新的合作关系。例如，当进口价格下降时，对于企业来说从外国生产者那里采购原材料成本更低，这可能导致对国内原材料的需求减少。相反，当进口价格上升时，对于企业来说从国内供应商那里采购原材料成本更低，这可能导致对国内原材料的需求增加和生产网络扩大。

通过在模型中引入生产网络的内生形成机制，可以构建一个一般化的框架来分析国际贸易如何通过其对买方 – 供应商关系和生产网络的影响来影响企业行为和经济效果。引入生产网络产生的贸易收益取决于国内企业之间的联系，因为这些联系影响了企业之间的竞争程度和它们从规模经济中获得利益。具体而言，当存在许多国内供应商和买家时，企业面临的竞争更激烈并且市场份额较小，这不仅减少了它们的利润，也降低了商品和服务的价格。然而，当国内供应商和买家较少时，企业拥有更大的市场份额，并可以制定更高的价格，这不仅增加了它们的利润，也提高了商品和服务的价格。这一框架可以帮助我们理解生产网络所带来的政策含义。在减少贸易壁垒和促进国际贸易方面采取措施可以对支持发展国内供应链网络产生积极的溢出效应。例如鼓励外商直接投资或促进信用准入等政策可以帮助企业建立新的供应链并扩大其生产网络。

（四）区域间劳动力流动

伴随着产品在区域间流动，区域间劳动力流动现象也越来越普遍。因此，区域间劳动力流动也成为统一市场建设所研究的重要对象。通常来讲，国家内部会存在某些劳动力流动摩擦。这些劳动力流动摩擦通常体现为区域工资差距、对于家乡的偏好、区域流动成本、移民中存在的劳动力选择。显著的区域工资差距意味着一些地区的工人比其他地区的工人收入要少很多。这些工资差距不能完全用人力资本或其他可观察特征来解释。这表明可能存在其他因素，如生产率或补偿性工资差异等导致了工资差异。对家乡的偏好也会减弱区域间劳动力的流动。通常工人会非常依恋他们的家乡，这可能会降低他们为了工作而迁移的意愿。这种依恋可能是由于家庭纽带、文化习俗和语言障碍等因素造成的。较高的区域流动成本阻碍了劳动力在区域之间的流动，特别是低技能工人的内部劳动力流动受到限制。这可能是由于高昂的迁移成本、劳动力缺乏关于其他地区就业机会的信息以及目标地区进入的监管壁垒等因素造成的。劳动力迁移中也有可能存在对生产力的正向选择，这表明劳动力迁移成本可能是阻碍人口流动的重要障碍。这意味着那些迁移的劳动力往往比留下来的人拥有更高技能，这会限制劳动力流动性增大所带来的潜在收益增加。

给定这些劳动力流动摩擦后，我们需要详细刻画劳动力流动的形成机制。通过区分劳动力流动成本和不同区域的设施差异，我们可以分析工人对于劳动地点的选择和劳动力的空间分布。前者通常意味着只有当工人预期获得更高的工资时才会迁移，而后者则意味着一些地区必须付出更大代价来吸引工人。通过消除劳动力流动的摩擦，我们可以估计减少内部劳动力迁移壁垒可能产生的潜在影响，并量化此类政策变革可能带来的总体生产收益。

此外，大量实证研究探讨了劳动力流动对于劳动力市场以及生产率水平的影响。劳动力流动对劳动力市场的影响是一个复杂的问题，以往研究所得到的结果也不完全相同。一些研究表明，劳动力流入会取代本地工人，而另一些研究则认为劳动力流入会补充本地工人数量并提高整体生产力水平。支持取代效应的主要原因是，新迁入的劳动力会愿意接受比本地工人更低的薪资，在某种程度上导致本地工人薪资和就业机会减少。这些劳动力可能更容易从事低技能职业，这可能导致本地居民针对这些职位的竞争更加激烈。支持补充效应的主要原因是，通过填补某些行业和职业中出现的劳动力短缺来补充本土员工，迁入的劳动力可以与当地工人形成互补。新流入的劳动力还可以把新技能带到当地劳动力市场中，这将促进生产率水平的提升和经济增长。

此外，劳动力流入对劳动力市场造成不同影响的部分原因在于不同区域和时间段内劳动力的特征存在差异。例如，一些研究发现高技能劳动力的流入可以填补高技能职业中出现的劳动力短缺，并对劳动力市场产生积极影响；而低技能劳动力的流入则可能通过与本地居民争夺低技能工作而对劳动力市场产生负面影响。

总体而言，劳动力流动对劳动力市场的影响是复杂的，取决于各种因素。虽然一些研究表明新的劳动力可以通过取代本地工人或降低薪资对劳动力市场造成负面影响，但也有研究认为新劳动力通过补充本地员工和填补劳动力短缺来提高生产率水平，具有积极的意义。尽管劳动力流动对于劳动力市场的影响存在争议，但关注劳动力流动对于生产力的影响可以提供新的角度来分析劳动力流动对于宏观经济的影响，政策制定者也能够获得基于生产力角度的证据。决策者可以利用这些信息制定政策，吸引那些可能对生产率和每位工人收入产生积极影响的移民，同时解决有关本地居民就业等方面的问题。

三、风险分担理论简介

风险分担理论是经济学中的重要理论。风险分担主要指在交易或协议中将风险分配给不同个体。通过风险分担机制，个体可以减小其风险敞口并改善其整体福利。风险分担可以通过各种机制实现，例如保险、对冲、分散化和合同安排等。风险分担的最终目标是实现更有效的资源配置，并促进各方实现互惠互利。

风险分担理论的核心基于如下考虑：当个人或各方相互分担风险时，他们可以实现更好的结果。通过分担风险，各方都能够减少个体面临的风险，从而提高其整体福利水平。通常来讲，有多种机制可以实现风险共担，其中一种常见方法是保险。在此方法中，个人或各方向第三方保险公司支付保费以换取对某些特定风险的保护。这使保险公司能够将许多个人或各方面临的风险汇集起来，并将相关成本分摊到群体中，从而减少个人或各方面临的总体风险。另一种方法是在金融市场中通过对冲来实现，涉及在不同资产或市场上采取相互抵消的头寸以减小总体风险。例如，投资者可能会购买股票和债券以分散其投资并减小在某一类资产投资中损失的风险。

多元化也是一个用于进行风险分担的重要机制，涉及将投资分散到不同类型的资产或市场上。通过分散投资，个人或各方可以减小在任何一个特定资产或市场中面临的风险，同时仍有可能获得回报。此外，个体之间的合同安排也可用于在各方之间分担风险。例如，在合资协议中，每一方都可能同意以预定的方式分担企业的风险和分享收益。在经济学理论中，风险分担理论试图帮助个人和各方更好地管理风险并实现更好的结果。通过汇集资源和分担风险，各方可以实现更高效率，并促进互惠互利。要理解风险共担的机制，关键是确定微观个体以及地区和国家实现当前风险共担程度的渠道。下面我们简要介绍风险分担理论中的重要问题。

（一）风险分担和委托代理

许多经济活动的安排都会涉及风险共担和激励问题，而这些问题可以用委托人与代理人的关系来描述。例如，专业人员与客户之间的关系、保险公司与被保险人之间的关系、股东与管理层之间的关系甚至社会与污染企业之间的关系。通过详细探讨这些关系，我们可以了解如何构建经济安排以使双方利益相一致并创造互惠互利的局面。大量的研究试图探索委托人和代理人关系中风险分担和激励的动态关系，例如委托人如何激励代理人为其最大利益行事，以及如何进行风险分担来更好地分配风险，在委托代理关系中讨论风险共担有重要的意义。一般来讲，委托人可以采取如下方式来激励代理人为其最大利益行事，包括绩效工资、监控、审计以及合同和法律协议。在风险分担的框架下，个体的风险规避程度同委托代理合同之间存在密切的关系，风险分担的保险在委托人和代理人关系中也会发挥作用。

在实际生活中，委托代理关系以及个体的风险厌恶度都会极大地影响风险分担的结果。在保险市场中，道德风险问题会极大影响风险共担。在这种情况下，被保险人的行为会影响损失的概率分布。如果保险公司拥有某些反映被保险人行动真相方面的信息，那么就算这些信息不够精确，它也具有价值并应被纳入保险政策条款中。客户和律师之间的关系也存在这一问题。客户支付律师费用的方式可能基于律师在案件上花费的时间和案件结果。在某些情况下，律师费用仅基于诉讼结果的条件付款约定来支付。当律师认为风险中性或至少比他的客户更不厌恶风险时，这通常是合理的。例如，在许多医疗事故案例中，按照结果来有条件地付款是唯一的律师费用；在这种情况下，客户通常呈现很高的风险厌恶程度，而律师则对失去报酬持有几乎中性的态度。在其他情况下，律师费用几乎不会依赖诉讼结果。例如，公司客户总是为那些处理过程漫长且复杂的案件按时间支付律师事务所的费用。这主要是因为律师事务所对可能的未能获得大量补偿存在强烈风险厌恶。如果将公司的股东视为委托人，而将经理视为代理人，显然，该公司通常不会按照股东的意愿运营，假设股东希望公司最大化预期利润。换句话说，作为一个风险中性委托人，股东集体表现出风险中性特征。假设经理具有风险规避倾向，并且他的行动并不容易被股东所知晓，那么，在帕累托最优的目标安排下，经理就不会使公司以最大化预期利润为目标进行运营。

（二）宏观政策和风险分担

宏观政策的效应也会受区域内部风险共担机制的影响。大量的实证研究发现，宏观政策在经济体内部不同区域的传导存在异质性，而这种区域异质性主要是由于不同地区可能具有不同程度的一体化和不同风险共担机制。因此，理解风险共担机制在减轻特定冲击影响方面的作用，以及风险共担机制如何与宏观政策传导相互作用有重要的意义。这种互动对于宏观政策制定者来说非常重要，因为它有助于设计更有效的宏观政策框架和风险分担机制。

就货币政策而言，风险共担机制和货币政策传导机制互相影响。通常，风险共担机制可以通过市场化和财政化两种机制来影响货币政策传导。基于市场机制的风险共担是指地区通过信贷和要素市场来平滑特定冲击。基于市场机制的风险共担可以减轻货币政策实施对实体经济产生的影响，其中信贷市场发挥着尤为重要的作用。具体而言，信贷市场更能为发达地区减轻紧缩货币政策所带来的负面影响，并且这种效应在与其他地区经济整合程度更高的地区表现得更加明显。基于市场化机制的风险共担，特别是信贷市场，可以在减轻货币政策冲击对脆弱地区的影响方面发挥重要作用。信贷市场可以帮助减少产出收缩的持续时间，并促进货币政策更均衡地传导到整个经济中。

财政风险共担是指地区通过财政转移和其他机制平滑特定冲击。在紧缩货币政策后期持续性产出萎缩时，财政风险共担可以保护较为贫困地区免受损失。在财政风险共担能力较弱的情况下，政策利率上调会导致贫困地区持续的产出收缩。相比之下，在财政风险共担能力较强的情况下，贫困地区不仅可以面临更轻微的产出收缩，而且还可以免受这种滞后效应影响。一般来说，通过财政转移和税收制度进行的公共风险分担在更长期的时间尺度上可以发挥作用。

财政风险共担可以在缓解货币政策冲击对脆弱地区的影响方面发挥重要作用，特别是对于无法获得市场化风险分担机制的较贫困地区。通过提供更持久的风险分担形式，财政政策可以帮助保护脆弱地区免受持续产出收缩的影响，并促进货币政策在整个经济中更均衡地传导。

因此，市场化和公共风险分担渠道有可能互为补充。利用财政和市场化渠道在吸收冲击能力上的异质性可能会导致货币政策传导的不平衡。因此，宏观政策制定者需要明白，协调一致的风险分担架构可以有助于缓解这种情况。

（三）特定风险共担制度

越来越多的风险共担制度不断出现，例如小额信贷组织、自助群体等，如何理解这些特定风险共担制度对于区域风险共担的影响越来越重要。通常来讲，这些特定风险共担的自助团体减少了对低收入群体的金融约束，有助于加强风险共担。

大量的理论研究表明，这类特定风险共担团体可以通过以下机制促进风险共担并减少承诺约束。首先，自助团体可以通过资源汇集和成员之间的共享机制来分担风险。通过向团体储蓄账户贡献资金并互相提供贷款，团体成员可以平滑消费，并减少特定冲击对其福利的影响。其次，自助团体可以通过提供一种执行非正式合同的机制来减少承诺约束。在缺乏正式法律机构的情况下，人们通常使用非正式合同来强制执行个人之间的协议。然而，在缺乏监督和惩罚不遵守者的机制时，这些合同可能难以执行。自助团体可以通过允许成员监督彼此行为并对不遵守团队规则者实施惩罚来提供这样一种机制。最后，在自助组织中，个人可与其他组员建立信任和社交关系从而增加社会资本量。这有利于促进合作、降低投机行为发生概率，使非正式契约更容易执行及更好地共担风险。总的来说，理论研究显示，自助团体可以通过促进风险共担、减少承诺限制和建立社会资本等机制，在低收入群体中形成促进金融包容和赋权的有效工具。

实证研究发现，良好运作的自助团体有助于促进区域内部的风险分担。项目的规模将极大影响区域风险共担的程度，因此，政策制定者应该积极促进良好运作的群体形成，而不仅仅是增加信贷获取渠道。在面临巨大风险和限制的其他低收入环境中良好运作的群体和保险也可以加强风险共担。

四、统一市场建设和风险共担的关系

在国内统一市场的建设过程中，区域间贸易摩擦减少所带来的区域贸易投资一体化和金融市场发展都有助于加强国内不同地区之间的风险分担。贸易和投资一体化是指减少区域之间贸易和投资流动的障碍，可以通过多种手段实现，例如降低关税、协调法规以及促进跨境投资等。更大范围的贸易和投资一体化有助于通过增加竞争、优化资源配置和促进技术转移来推动经济增长。金融一体化是指跨越区域整合金融市场。这将涉及资本在区域间流动、金融监管和协调等。更大规模的金融一体化可以在更广泛的资产范围内分散风险来促进风险共担。总的来说，统一市场建设成为经济增长和稳定的重要推动力，也给政策制定者带来了重大挑战，政策制定者需要管理风险并确保收益在各个地区之间实现公平分享。

为了更好地分析统一市场建设与风险分担之间的关系，首先简要讨论不同国家所面临的风险分担问题。在国际市场一体化过程中，不同国家会共享市场和经济机遇以及面临相似的市场和经济风险。因此，建立风险分担机制是建立一个稳定和可持续的统一市场的关键因素之一。风险分担可以通过多种方式实现。首先，各国可以共同承担经济和市场风险，例如金融危机或经济衰退的冲击。这可以通过制定风险管理政策和机制来实现，例如互相协调货币政策、银行监管政策和财政政策等。其次，各国可以共同投资基础设施和公共服务，这些设施和服务有助于减少市场和经济风险。这包括共同投资于交通、能源和通信基础设施，以及在教育、医疗和社会保障等公共服务方面的支出。最后，各国还可以共同推动区域整合和贸易自由化，这有助于减少市场和经济风险并促进经济增长。通过共同制定自由贸易协议和开放市场，各国可以在更大的市场范围内开展贸易和投资活动，从而摊薄市场和经济风险。

在国内统一市场建设过程中，不同地区和行业会面临不同的市场和经济风险，这些风险可能会对整个市场造成影响。因此，风险分担在国内统一市场建设中也是非常重要的。国内统一市场的风险分担可以通过多种方式实现。首先，政府可以制定一些政策和措施来降低风险。例如，政府可以为不同地区和行业提供不同的财政和税收政策，以便在市场波动时，通过提供补贴和减税等方式来降低市场风险。其次，政府可以通过调整财政预算和投资重点来分散风险。例如，政府可以在不同地区和行业进行投资，以便在市场波动时，使不同地区和行业之间的风险可以相互抵消。此外，政府还可以通过建立风险共担机制来推动风险分担。例如，政府可以设立一些保险机构和基金，以便在市场波动时，为受影响的地区和行业提供必要的支持和帮助。因此在国内统一市场的建设中，风险共担可以带来更高的系统稳定性和更有效的资源配置。

一方面，国内统一市场的建立能够推进风险分担机制的形成；另一方面，风险分担机制也能够更好地促进经济增长。通常风险分担措施会对产业专业化程度带来积极影响。传统国际贸易模型显示，利用技术和资源的比较优势或经济规模和聚集效应可以实现更高水平的专业化。风险共担机制的形成可以平滑特定区域冲击，可以将生产风险分散在不同地区，并通过利用比较优势或新的机会来实现更高程度的专业化。

假设一个国家包含两个地区：A 地区和 B 地区。A 地区专门生产农产品，而 B 地区专门生产制造业产品。我们假设这两个地区都容易受到可能影响它们各自行业的特定冲击。例如，干旱可能严重影响 A 地区的农业生产，而经济衰退可能会减少对 B 地区制造品的需求。

如果区域间的风险共担机制不存在，则每个地方都只能依靠自身来应对这些冲击。这意味着 A 地区必须承担干旱导致的损失，并相应地调整其生产策略；同时 B 地区必须承担经济衰退导致的损失，并相应地调整其生产策略。但是，如果存在良好运作的跨区域的风险共担机制，则两个地区都可以从风险共担中获益。例如，如果有一项涵盖因干旱和经济衰退导致损失的保险政策，则两个地区均可购买此保险并共担这些特定冲击所造成的风险。这意味着如果 A 地区发生干旱或 B 地区发生经济衰退，两个地区都可以从保险政策中获得赔偿以帮助抵消其损失。通过这样的跨区域风险共担机制来分担风险，两个地区都可以更有效地实现产业专业化而无需承担特定冲击所造成的损失。这就可能带来更高水平的产业专业化和整体经济增长。

关于贸易、经济增长和宏观波动性的经验数据可以帮助我们理解统一市场建设同风险共担之间的关系。通常来讲，贸易开放与经济增长之间存在正相关关系，同时波动性与增长之间存在负相关关系。贸易、经济增长和宏观波动之间的关系或许可以通过以下事实来进行解释：国际贸易促进生产专业化，从而提高总产出的增长率。然而，生产力方面的不确定性会抑制经济增长，因为更多生产领域的分散分工降低了总体风险。因此，在转型期内受到更大部门特定风险冲击的国家比那些受较少部门特定风险冲击影响的国家进行更少专业化生产，并且经历较慢的增长。因此，对于那些处于市场一体化进程中的国家来说，风险共担机制能够对这些国家的增长产生显著的影响。因此在统一市场建设中，理解风险共担机制的建立对于寻求通过区域发展政策促进经济增长的决策者来说具有重要意义。通过了解风险共担措施如何积极影响产业专业化，决策者可以设计鼓励跨区域保险市场、帮助平滑特定冲击等促进经济增长的政策。

在统一市场和风险共担的讨论中，关键是确定各地区和国家实现当前风险共担程度的渠道。首先，基于资本市场，家庭可以通过在其他国家或地区持有生产性资产来分散风险。其次，国家间和国家内部的支付转移系统可以作为推动收入和消费风险共担的工具。最后，家庭部门也能够通过借贷调整其资产组合，增强风险共担的能力。大量研究关注发达国家统一市场建设和风险共担的关系，但是对于发展中国家统一市场建设和风险共担的研究并不多。以下我们简要讨论中国统一市场建设和风险共担之间的联系。

通过对中国统一市场和风险共担的研究，我们可以更全面地理解经济增长的重要机制。第一，由于中国具有几乎所有发展中国家的显著特征，对其统一市场建设和风险分担渠道的研究可以帮助我们更好地理解一般发展中国家的情况。例如，中国正式金融体系以压制性金融政策为特点，这在许多发展中国家也是普遍存在的。中国私营企业较多地依赖非正规金融，这也是一个典型的发展中经济体所具备的特征。此外，和许多发展中国家类似，中国仍然存在着城乡二元经济结构，并且从农村到城市的迁移在缓解农村贫困和推动经济增长方面起着重要的作用。第二，中国的风险共担渠道同发达国家的风险共担渠道有较大的差异。研究中国这样一个发展中国家的风险共担问题可以提供一些在发达经济体研究中无法获得的独特视角。例如，资本和信贷市场长期以来被认为对于发达国家内部风险共担至关重要。然而对于大多数发展中国家来说，金融市场不够发达并且效率也不高。因此，中国金融市场的发展及其同风险共担之间的关系是一个值得探讨的问题。此外,人口从农村向城市的迁移对于发达国家而言并不是一个重要特征,但对于那些正在向发达经济体转型的发展中国家来说非常重要。因此,在统一市场建设的框架下讨论人口迁移是否有助于促进中国内部风险共担也是重要的问题。第三,研究中国统一市场建设与风险共担可能有助于我们理解不均衡的区域发展与风险共担之间的关系。在大多数发展中国家,经济发展通常伴随时间和地区变化而呈现不平衡的特点。在过去几十年里,中国的经济增长伴随着日益扩大的地区差距。因此,理解中国的风险共担渠道可以进一步阐明不均衡的区域发展对风险共担的影响,对其他发展中国家也具有一定的启示意义。

第二章

统一市场与经济增长

本章通过构建多部门和多区域动态一般均衡模型来定量研究全国统一大市场建设在过去 20 多年对中国经济增长的影响。模型能够刻画生产率、产品流动性摩擦、劳动力流动摩擦以及投资效率的动态变化特征。通过将模型应用于 30 个省级行政区域并进行校准，我们研究了中国 1997—2012 年的经济增长情况。我们发现，生产率冲击和投资冲击是过去经济增长的重要推动力。此外，贸易壁垒冲击和劳动力流动成本冲击也对经济增长产生了积极的影响。相比国际贸易壁垒对经济的影响，我们发现省际贸易壁垒冲击带来的影响更大。此外，劳动力流动成本冲击对产出增长的贡献也越来越重要。利用本章的模型，我们还在一般均衡视角下分析了广东省生产率提高所带来的区域传导效应以及北京和上海劳动力流入壁垒增大对中国经济增长所带来的影响。通过数值模拟分析我们还发现，通过进一步对劳动力市场和产品流通机制进行改革以构建更高层次的全国统一大市场，减少劳动力流动摩擦和产品流通摩擦，能够进一步激发中国经济增长的潜力。

一、引言

在过去 70 多年里，尤其是改革开放以来的 40 多年里，中国经济经历了快速增长，中国已经发展成为名义汇率下的世界第二大经济体和购买力平价下的世界第一大经济体。改革开放在经济建设方面的特征可以概括为两点：一是逐步构建有效率的全国统一大市场，使市场机制在全国范围内有效配置资源，努力实现各种生产要素以及各种产品和服务在全国范围内的自由流动；二是积极融入世界市场，深度参与国际分工，充分挖掘自身比较优势。这两点都是促进中国经济持续高速增长的根本动力。市场经济体制的建立与全国统一大市场的建设尤为重要。

全国统一大市场建设的内容主要包括：努力消除区域之间阻碍生产要素（资本、劳动等）流动以及商品和服务流通的各种区域壁垒、地方保护主义以及不合理政策，努力消除行业之间以及部门之间阻碍生产要素流动的各种垄断行为、行业壁垒以及不合理政策和规定等。2020 年 7 月 30 日，中共中央政治局会议指出，要加快形成以国内大循环为主体、国内国际双循环相互促进的新发展格局。而加快构建更高标准的全国统一大市场，打破各种壁垒，以促进生产要素和商品的高效流通，则是为国内大循环搭好平台、形成"双循环"新发展格局的关键性任务。

历史和经验分析表明，宏观经济的增长和波动的确会受区域和行业因素的影响。例如，过去几十年中国东部沿海地区经济的快速发展过程中所体现出的区域因素，以及近年来服务业和高科技行业的快速发展过程中所体现出的行业因素等。这些区域和行业结构差异以及潜在生产率变化的差异都说明，行业和区域构成是影响宏观经济活动的关键因素之一。而影响行业和区域构成的主要因素包括区域间贸易、区域间劳动力流动和区域间的投入产出关系。这些因素关系到区域和行业对整体经济增长的影响。中国经济过去数十年的快速增长也体现了国内区域间的产品流动和劳动力流动所发挥的重要作用（王小鲁和樊纲，2004；邓慧慧，2009；盛斌和毛其淋，2011；许统生、洪勇、涂远芬和黄先明，2013；郝大明，2015；蔡昉，2017）。伴随着中国经济进入新发展阶段，经济下行压力增大，中国经济内在结构性问题更加突出。如何应对经济下行压力增大，并找到新的经济增长点成为当前重大挑战。区域间产品流动、劳动力流动和生产率变化等因素对中国经济增长的贡献如何？通过降低区域间产品流动摩擦和劳动力流动摩擦能否推动经济的潜在增长？对于这些问题的思考和回答，不仅能够帮助梳理和归纳中国经济增长的相关影响因素，而且有助于确立未来新的增长动力，推动中国经济持续增长。

大部分宏观研究主要强调总体冲击对宏观经济的影响，但是不少学者也认为总体冲击的假设并不合理，并且证实单一行业或者区域的冲击对宏观经济也能够产生显著的影响。Horvath（1998，2000）最早通过分析投入产出数据来刻画行业之间的相互作用，他发现通过多部门模型行业冲击也能够刻画宏观经济的波动。除了关注行业冲击，学者也开始关注区域冲击对宏观经济的影响。大量研究发现，区域因素对宏观经济的影响并不亚于行业因素，同时考虑行业和区域因素对于研究宏观经济更为重要（Caliendo et al.，2015；Caliendo et al.2018；Tombe 和 Zhu，2016）。因此，考虑区域因素是我们了解微观层面对宏观、行业、地区经济增长波动影响的关键。

伴随着中国经济快速发展，制约中国经济发展的各种因素逐渐减弱。限制生产要素流动的障碍在过去几十年来显著地减弱。此外，产品在地区之间的流通成本显著下降。随着金融系统改革的深入，资本能够以更多的形式在地区之间进行有效配置。因此，区域间贸易、劳动力流动等因素所导致的区域间相互作用成为冲击传导的重要机制。在这一背景下，测度要素在不同区域之间流动摩擦并刻画其随时间变化的特征就更为重要。此外，我们也需要了解不同区域因素对经济增长影响的重要机制并量化分析其对经济增长的贡献度。

按照这一思路，本章构建了一个多区域和多部门的动态一般均衡模型，以此来定量分析全国统一大市场建设对中国经济增长的影响和历史贡献。我们建立的模型主要依赖于 Eaton et al.（2016）。在此基础上，我们可以将模型扩展到不同部门。此外，我们在模型中引入区域因素。这些因素包括国家内部区域间贸易和劳动力流动。区域间贸易和部门之间的联系由区域的投入产出关系来刻画。区域间劳动力的流动会受流动成本的影响。在出现劳动力流动成本的假设下，工人会面临工作地点的选择问题。给定劳动力流动成本，工人在不同区域可以获得不同收入。部分工人会选择在区域间流动，另一部分工人选择留在原有工作地点。此外，Eaton et al.（2016）的框架能够帮助我们刻画资本积累。利用动态一般均衡模型我们能够计算如下省际冲击：（1）各生产部门的生产率；（2）省际贸易成本；（3）省际劳动力流动成本；（4）资本品投资冲击；（5）产品需求。因此通过模型我们能够清晰地刻画产品流动摩擦、劳动力流动摩擦、区域间的投入产出联系和资本积累以确定不同冲击对经济增长的影响。

我们的模型主要分析了 1997—2012 年中国经济的增长。模型的计算主要依赖中国不同行业省际贸易数据、省际人口流动数据和工业产出数据。我们通过 1997 年、2002 年、2007 年和 2012 年各省投入产出表获得各省不同行业的双边贸易额。各省人口和省际人口流动数据通过中国 2005 年、2015 年 1% 抽样人口调查和 2000 年、2010 年人口普查数据获得。[1] 此外，我们收集了 30 个省份的价格和产出数据。利用模型和数据我们能够计算 1997—2012 年不同冲击的时间序列。

---

① 由于省际人口流动数据和省际投入产出的限制，我们利用数据主要讨论了 2012 年之前中国宏观经济的变化。人口流动和产品流动的特点仍旧是 2012 年之后中国宏观经济动态变化的主要特征，因此本文的分析框架仍旧适用于当前中国宏观经济的特点。

我们在模型中引入不同的省际冲击，通过反事实模拟发现生产率冲击和投资冲击是过去经济增长的重要推动力。此外，贸易壁垒冲击和劳动力流动成本冲击也对经济增长产生了积极的影响。相比于国际贸易壁垒对经济增长的影响，我们发现省际贸易壁垒冲击带来的影响更大。此外，劳动力流动成本冲击对产出增长的贡献也越来越重要。最后，我们也预测了各种冲击对未来经济增长的影响，并简要讨论了相关的反事实模拟下区域经济的变化。

本章的学术贡献主要体现在以下三个方面。第一，本章构建了能够刻画区域间贸易、劳动力流动和资本积累的动态均衡模型，从而能够更系统地讨论全国统一大市场构建（包括区域因素和行业因素）对经济增长的影响。Eaton et al.（2016）主要讨论了国家之间冲击的传导对贸易的影响，并没有将劳动力流动考虑在内。Tombe 和 Zhu（2016）讨论了区域间贸易和劳动力流动，主要讨论了省内劳动力流动对经济的影响，但是其模型没有将资本积累纳入，而资本积累是推动中国经济增长最为重要的因素之一，且劳动力流动往往伴随着资本积累的动态变化，忽略资本积累来讨论中国经济增长可能会遗漏很多重要的传导机制。本章所构建的模型同时引入了区域间贸易、劳动力流动和资本积累，更加贴近中国经济的实际情况，能够更为全面地分析各种冲击对经济的影响。由于引入了资本积累过程并考虑了资本积累与区域间贸易和劳动力流动的相互作用，因此在本章模型中区域间贸易和劳动力流动对经济的影响同 Tombe 和 Zhu（2016）的结果有一定差异，且本章的机制更加丰富。第二，本章结合中国经济数据对模型进行计算，并且进行了丰富的数值模拟实验，可以对各种冲击进行定量研究和反事实分析，进而能够对中国未来的统一大市场建设和经济增长提供更严谨的政策分析。第三，本章基于所构建的模型，研究了广东省生产率提高和北京、上海劳动力流入壁垒增大通过一般均衡效应对不同地区经济增长的影响，进一步明确了区域因素对经济增长的显著影响，有助于为政府的区域发展政策提供可靠的决策依据。

二、区域经济特征

本部分描述中国区域经济的特征。我们主要讨论 1997—2015 年区域间劳动力和区域间贸易的变化。在以下的讨论中，由于数据限制，我们仅讨论部分省份的情况。

1958 年以来的户籍制度被认为是阻碍省际劳动力流动的主要因素。在传统的计划经济体制下，人口与劳动力的分布和配置受到较为严格的控制和管理。这种制度安排造就了城乡分割的户籍管理制度。改革开放以后，随着我国产业政策转为优先发展重工业和制造业，我国产业结构的转变已经先于人口分布转变发生，这为劳动力在区域间转移提供了基础和初始动力。在改革开放进程中，东部沿海地区获得了诸多政策支持，其发展逐渐领先全国其他地区。这种经济发展水平和人均收入的不平衡也增强了劳动力在区域间的流动。此外，20 世纪 80 年代以来，政府逐渐开始了户籍制度改革。尤其是，2003 年在全国范围实施行政许可制度改革，颁布《中华人民共和国行政许可法》，许多地区逐渐取消了对流动人口办理暂住证的要求。这些措施加快了人口在区域间的流动。但是，由于流动人口能够享受的公共服务有限，不得不面对过高的医疗和教育成本，我国劳动力流动的成本仍旧较高。

在本章的研究中，我们利用 1% 抽样人口调查和人口普查数据来构建劳动力区域间的流动数据。我们将五年前常住地同现住地不同的工人划分为省际流动人口。相比于内陆省份，沿海和发达地区外来人口所占比例更高。2015 年沿海和发达地区外来人口所占比例仍旧高于不发达内陆省份，但是发达地区移民比例有了显著下滑。

伴随中国经济的快速增长，中国对外贸易规模取得了持续的高速增长。其中重要的原因是对外贸易成本有了较大幅度的下降。与此同时，中国区域间的贸易成本也有了显著的降低。区域间贸易成本下降的主要原因是一系列中央法规和政府政策的推出，减小了区域间市场的分割程度。同时，加入世界贸易组织（WTO）后，对外开放促使地方政府降低了制度性的交易成本，推动了要素自由流动和资源有效配置。随着交通基础设施的改善，物流成本逐渐降低，区域间的贸易成本进一步下降。

我们利用中国区域间投入产出表来构建区域间的贸易数据。此外，我们将行业划分为耐用品行业和非耐用品行业，并计算各个省份从其他省份的进口份额，用 $\pi_{ni} = \dfrac{x_{ni}}{\sum_{i=1}^{N} x_{ni}}$ 表示，其中 x_{ni} 是省份 n 在来自省份 i 产品上的支出。图 2.1 比较了 1997 年和 2012 年各个省份的耐用品省际进口份额。我们可以看到，各个省份都更倾向于购买来自本省的产品。从 1997 年到 2012 年，随着省际贸易成本的下降，本省产品所占份额发生了显著的下滑。图 2.2 比较了 1997 年和 2012 年各个省份的非耐用品进口份额。我们可以看到这一趋势更加明显，各省份越来越多购买其他省份的产品。此外，通过投入产出数据我们也计算了各个省份来自国外耐用品和非耐用品进口份额。结果显示，伴随着贸易成本下降，国外产品份额逐渐上升。

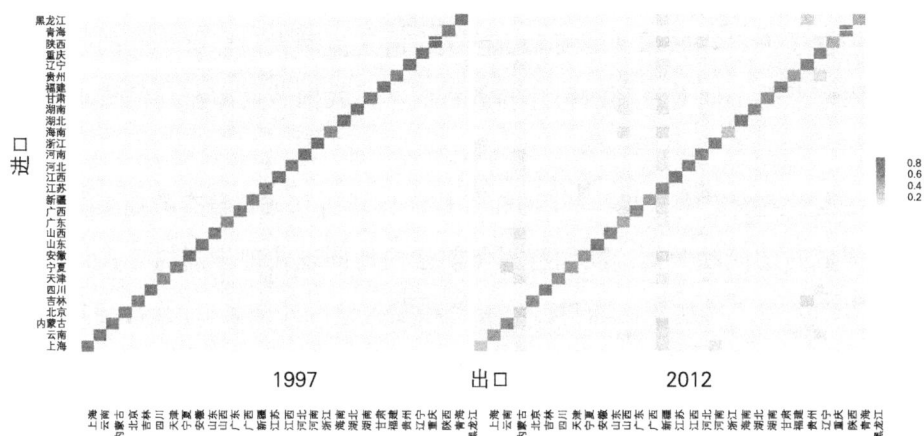

图 2.1　1997 年和 2012 年耐用品省际进口份额

资料来源：作者根据对应年份中国区域投入产出表整理

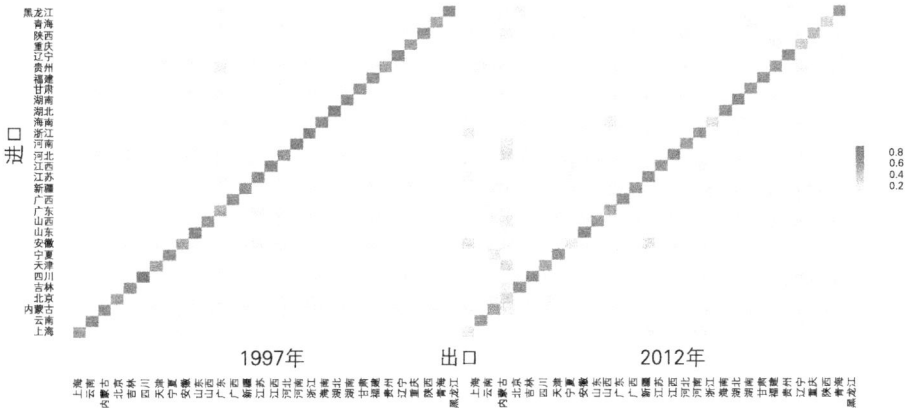

图 2.2 1997 年和 2012 年非耐用品省际进口份额

资料来源：作者根据对应年份中国区域投入产出表整理

三、模型

（一）模型设定

假设经济体中有 N 个地区，每个地区的生产者分为三个部门：耐用品的生产部门（D）、非耐用品的生产部门（N）和服务业的生产部门（S），我们用 $\Omega = \{N, D, S\}$ 来表示三个部门的合集。其中，耐用品全部用于当期投资，非耐用品和服务则全部用于当期消费。

生产于 i 地区的商品可以运送到 n 地区消费，不过需要支付一定的运输费用。我们假定该运输成本类似冰山贸易成本，即从 i 地运送 1 单位商品到 n 地需要 $d_{ni, t}^{j} \geq 1$ 单位的商品。非耐用品和耐用品属于可贸易品，用集合 Ω_T 来表示；服务属于不可贸易品，该商品的冰山贸易成本无限大。

生产要素由资本和劳动构成，生产函数为柯布－道格拉斯生产函数。一个地区某个部门内生产的所有产品可以用一个闭集 $z \in [0, 1]$ 来表示，因此，在 t 时期 n 地区 j 部门 z 产品的产出 $y_{n, t}^{j}(z)$ 可以表示为：

$$y_{n, t}^{j}(z) = a_{n, t}^{j}(z) B_{n}^{j} (L_{n, t}^{j}(z))^{\beta_{n}^{j}} (K_{n, t}^{j}(z))^{1 - \beta_{n}^{j}} \tag{2-1}$$

其中，$a_{n,t}^{j}(z)$ 代表 t 时期 n 地区 j 部门 z 产品的生产率，$L_{n,t}^{j}(z)$ 和 $K_{n,t}^{j}(z)$ 则分别表示生产该产品所用的劳动和资本，β_n^j 表示 n 地区 j 部门劳动所得占总产出的比例，常数 $B_n^j = \left(\frac{1}{\beta_n^j}\right)^{\beta_n^j}\left(\frac{1}{1-\beta_n^j}\right)^{1-\beta_n^j}$。

一个地区资本的积累方程可以表示为：

$$K_{n,t+1} = \chi_{n,t}(I_{n,t})^{\alpha}(K_{n,t})^{1-\alpha} + (1-\delta)K_{n,t} \qquad (2-2)$$

其中，$K_{n,t}$ 表示 t 时期 n 地区的总资本，$I_{n,t}$ 表示同期的投资，$\chi_{n,t}$ 则表示该地区的投资冲击，其在资本积累中所发挥的作用类似于研究经济波动的经典文献 Chari et al.（2007）中的投资楔子。参数 $\alpha \in [0,1]$，刻画了投资的调整成本，δ 为折旧率。

一个地区的代表性消费者最大化其效用函数 U_n，该效用函数可以用下式来表示：

$$U_n = \sum_{t=0}^{\infty} \rho^t \phi_{n,t}(\varphi^N \ln C_{n,t}^N + \varphi^S \ln C_{n,t}^S) \qquad (2-3)$$

其中，ρ 为贴现率，表示消费的时间偏好。$\phi_{n,t}$ 表示 n 地区 t 时间消费的总体偏好。φ^N 和 φ^S 分别表示该地区非耐用品和服务消费的相对偏好。在式（2-3）替代弹性为 1 的情况下，φ^N 和 φ^S 也表示非耐用品和服务分别在总消费中的占比，因此有 $\varphi^N + \varphi^S = 1$。

社会计划者给每个地区分配一个权重 ω_n，最优化问题就变为：

$$W = \sum_{n=1}^{N} \omega_n U_n \qquad (2-4)$$

这里我们假设 $\sum_{n=1}^{N} \omega_n \phi_{n,t} = 1$。

整体经济体面临如下约束：

（1）在 t 时期分配到 n 地区 j 部门的生产 z 产品的劳动力总和不超过该地区劳动供给

$$\sum_{j \in \Omega} \int_0^1 L_{n,t}^j(z)dz \leq L_{n,t} \qquad (2-5)$$

（2）在 t 时期分配到 n 地区 j 部门的生产 z 产品的资本总和不超过该地区资本总量

$$\sum_{j \in \Omega} \int_0^1 K_{n,t}^j(z)dz \leq K_{n,t} \qquad (2-6)$$

（3）对于可贸易品 $j \in \Omega_T$，所有地区对 n 地区 j 部门 z 产品的总吸收不超过其产出

$$\sum_{m=1}^{N} d_{mn,\,t}^{j} x_{mn,\,t}^{j}(z) \leqslant y_{n,\,t}^{j}(z) \qquad (2\text{-}7)$$

其中，$x_{mn,\,t}^{j}(z)$ 表示 t 时期在 n 地区生产 m 地区消费的最终产品，$d_{mn,\,t}^{j}$ 表示从 n 地区运往 m 地区的冰山贸易成本。

（4）对于可贸易品 $j \in \Omega_T$，n 地区 j 部门 z 产品的总吸收不超过该地区从所有地区所得的进口

$$x_{mn,\,t}^{j}(z) \leqslant \sum_{i=1}^{N} x_{ni,\,t}^{j}(z) \qquad (2\text{-}8)$$

（5）假设消费者对不同商品 z 的替代弹性为常数 σ，则对 t 时期 n 地区 j 部门的总吸收可以定义为

$$x_{n,\,t}^{j} \leqslant \left(\int_{0}^{1} x_{n,\,t}^{j}(z)^{\frac{\sigma-1}{\sigma}} \right)^{\frac{\sigma}{\sigma-1}} \qquad (2\text{-}9)$$

（6）t 时期期初在 n 地区的总人口等于上期期末的劳动力总人口乘以人口自然增长率

$$\sum_{m=1}^{N} M_{mn,\,t} = g_{n,\,t} L_{n,\,t-1} = L_{n,\,t}^{O} \qquad (2\text{-}10)$$

其中，$M_{mn,\,t}$ 表示 t 时期从 n 地区到 m 地区的人口流动。邓羽等（2014）也用类似的方法刻画中国省际人口的空间格局特点。

（7）t 时期期末在 n 地区的劳动力总人口等于当期劳动力的流入总和（包括仍然留在 n 地区的人口）

$$L_{n,\,t} = \sum_{i=1}^{N} M_{ni,\,t} \qquad (2\text{-}11)$$

（8）非耐用品和服务的总吸收为当期消费

$$C_{n,\,t}^{N} = x_{n,\,t}^{N}, \quad C_{n,\,t}^{S} = x_{n,\,t}^{S} \qquad (2\text{-}12)$$

（9）耐用品的总吸收为当期投资

$$I_{n,\,t} = x_{n,\,t}^{D} \qquad (2\text{-}13)$$

（二）模型求解

在这一部分，我们简要讨论模型所满足的均衡条件。

1. 产品价格和区域间贸易

基于 Eaton 和 Kortum（2002）的研究，t 时期 n 地区 j 部门 z 产品的生产率 $a_{n,t}^j(z)$ 是一个随机数，服从 Frechet 分布，其概率分布函数为：

$$F_{n,t}^j(a) = Pr\left(a_{n,t}^j(z) \leqslant a\right) = \exp\left(-T_{n,t}^j a(z)^{-\theta}\right) \tag{2-14}$$

其中，$T_{n,t}^j$ 反映了该部门生产率的总体情况，而 $\theta > 1$ 则决定了该部门不同产品间生产率的差异性。更高的 $T_{n,t}^j$ 表示更高的生产率均值，而更高的 θ 则表示较低的生产率差异性。

对于生产者而言，其单位产品的生产成本与当地工资 $w_{n,t}$ 和资本回报 $r_{n,t}$ 成正比，与生产率成反比。假设 n 地区 j 部门生产一单位产品需要的一揽子投入为：

$$b_{n,t}^j = (w_{n,t})^{\beta_n^j}(r_{n,t})^{1-\beta_n^j} \tag{2-15}$$

则从 i 地区运送 1 单位货物到 n 地区出售的价格可以表示为：

$$p_{ni,t}^j(z) = \frac{b_{i,t}^j d_{ni,t}^j}{a_{i,t}^j(z)} \tag{2-16}$$

由于 n 地区的消费者会购买价格最低的同类商品，该地区 j 部门商品 z 的价格可以表示为：

$$p_{n,t}^j(z) = \min\left\{p_{ni,t}^j(z); i = 1, \cdots, N\right\} \tag{2-17}$$

根据（2-14）、（2-16）和（2-17）式，可得出 t 时期 n 地区 j 部门的商品价格为：

$$p_{n,t}^j = \left[\sum_{i=1}^N \left(\frac{b_{i,t}^j d_{ni,t}^j}{A_{i,t}^j}\right)^{-\theta}\right]^{-\frac{1}{\theta}} \tag{2-18}$$

其中，

$$A_{n,t}^j = \frac{1}{\gamma}(T_{n,t}^j)^{\frac{1}{\theta}}, \quad \gamma = \left[\Gamma\left(\frac{\theta-\sigma+1}{\theta}\right)\right]^{\frac{1}{1-\sigma}}$$

此外，我们可以计算得到，t 时期 n 地区 j 部门的总吸收中，i 地区的进口占总吸收的比例为：

$$\pi_{ni,t}^j = \left(\frac{b_{i,t}^j d_{ni,t}^j}{A_{i,t}^j p_{n,t}^j}\right)^{-\theta} \tag{2-19}$$

因此，

$$X_{ni,\ t}^{j} = \pi_{ni,\ t}^{j} X_{n,\ t}^{j} \qquad (2-20)$$

2. 区域间劳动力流动

假设 i 地区的劳动力可以自由流动到 n 地区，但跨地区的劳动力流动需要付出成本。简单地说，我们假设从 i 地区流动到 n 地区的劳动力将受到实际劳动收入的损失，即该劳动力只能收到 $v_{ni,t} = q_{ni,t}\dfrac{w_{n,t}}{p_{n,t}^{C}}$ 的实际收入，且随机变量 $q_{ni,\ t}$ 服从 Frechet 分布，其分布函数为：

$$F_{ni,\ t}(q) = Pr(q_{ni,\ t} \leqslant q) = \exp(-\upsilon_{ni,\ t}q^{-\eta}) \qquad (2-21)$$

其中，$\upsilon_{ni,\ t}$ 描述了劳动力从 i 地转移到 n 地的实际收入均值，更高 $\upsilon_{ni,\ t}$ 意味着劳动力的转移不需要支付高昂的成本，即人口流动壁垒低，我们可以将该值视为跨地区人口流动壁垒。该值升高意味着人口流动壁垒降低。$p_{n,\ t}^{C}$ 表示消费品的价格指数，根据上文消费者的效用函数，该价格指数可以表示为 $p_{n,\ t}^{C} = (p_{n,\ t}^{N})\varphi^{N}(p_{n,\ t}^{S})\varphi^{S}$。劳动力会选择实际收入最高的地区作为其迁移的目的地。因此，对于从 i 地区迁移到 n 地区的个体来说有：

$$v_{ni,\ t} = \max\{v_{mi,\ t}; m = 1,\ \cdots,\ N\} \qquad (2-22)$$

据此，我们可以得出从 i 地区迁移到 n 地区的概率（下文用迁移比例）为：

$$m_{ni,\ t} = Pr[v_{ni,\ t} \geqslant v_{mi,\ t}; m \neq n]$$
$$= \frac{v_{ni,t}(w_{n,t}/p_{n,t}^{C})^{\eta}}{\sum\limits_{m=1}^{N} v_{mi,t}(w_{m,t}/p_{m,t}^{C})^{\eta}} \qquad (2-23)$$

或者可以表示为：

$$m_{ni,t} = \frac{\upsilon_{ni,t}\left(\dfrac{w_{n,t}}{p_{n,t}^{C}}\right)^{\eta}}{\Lambda_{i,t}} \qquad (2-24)$$

$$\Lambda_{i,t} = \sum_{m=1}^{N} \upsilon_{mi,t}\left(\frac{w_{m,t}}{p_{m,t}^{C}}\right)^{\eta} \qquad (2-25)$$

因此，从 i 地区迁移到 n 地区的人口为：

$$M_{ni,\ t} = m_{ni,\ t}L_{i,\ t}^{O} \qquad (2-26)$$

而 n 地区的总劳动力可以表示为：

$$L_{n,\ t} = \sum_{i=1}^{N} M_{ni,\ t} = \sum_{i=1}^{N} m_{ni,\ t}L_{i,\ t}^{O} \qquad (2-27)$$

3. 消费

由代表性消费者的效用函数可以解出各个地区的消费为:

$$p_{n,t}^N C_{n,t}^N = \omega_n \phi_{n,t} \varphi^N$$
$$p_{n,t}^S C_{n,t}^S = \omega_n \phi_{n,t} \varphi^S \tag{2-28}$$

4. 投资

投资的欧拉方程为:

$$\frac{p_{n,t}^D}{\chi_{n,t}} \left(\frac{I_{n,t}}{K_{n,t}}\right)^{1-\alpha} = \rho\alpha\left[r_{n,t+1} + \frac{(1-\alpha)p_{n,t+1}^D I_{n,t+1}}{\alpha K_{n,t+1}} + \frac{(1-\delta)p_{n,t+1}^D}{\alpha \chi_{n,t+1}}\left(\frac{I_{n,t+1}}{K_{n,t+1}}\right)^{1-\alpha}\right] \tag{2-29}$$

该式的左边表示形成一单位资本所需要投入的耐用品,而该式的右边则表示一单位资本的回报,包括利息回报和未来产出的提高。

5. 市场出清

最终产品市场出清要求整个经济体的产出全部被消费,因此有以下几式:

$$Y_{n,t}^j = \sum_{m=1}^N \pi_{mn,t}^j X_{m,t}^j \tag{2-30}$$

$$C_{n,t}^N = x_{n,t}^N$$
$$C_{n,t}^S = x_{n,t}^S$$
$$I_{n,t} = x_{n,t}^D$$

劳动力市场出清要求工资收入等于生产中的劳动投入:

$$w_{n,t} L_{n,t} = \sum_{j \in \Omega} \beta_n^j Y_{n,t}^j \tag{2-31}$$

资本市场出清要求当期资本回报等于生产中的资本投入:

$$r_{n,t} K_{n,t} = \sum_{j \in \Omega} (1-\beta_n^j) Y_{n,t}^j \tag{2-32}$$

(三)外生变量

为求出以上方程的解,需要将一些变量定义为外生变量。在外生变量给定的条件下,内生变量即可通过以上各个方程得到。我们定义如下外生变量:

(1)各地区的生产率 $A_{n,t}^j$;

（2）各个地区之间的贸易流动壁垒 $d_{ni,\,t}^{j}$；

（3）各个地区之间劳动力流动壁垒 $\upsilon_{ni,\,t}$；

（4）各地区的投资效率 $\chi_{n,\,t}$；

（5）各地区的消费偏好 $\phi_{n,\,t}$；

（6）各地区的人口自然增长率 $g_{n,\,t}$；

以上六个外生变量构成了本章的外生变量向量组 $\Psi_t=\{A_{n,\,t}^{j},\ d_{ni,\,t}^{j},\ \upsilon_{ni,\,t},$ $\chi_{n,\,t},\ \phi_{n,\,t},\ g_{n,\,t}\}$，在外生变量以及参数给定的条件下，本章的其他内生变量可由上一节的方程给出。

四、动态变化

为解出整个经济体各个变量的动态变化路径，我们引入各变量的变化值 $\hat{x}_{t+1}=x_{t+1}/x$，并且将上一节中的各方程进行改写，表示当期值和下一期变化值的函数，即将 $F(x_t,x_{t+1})=0$ 改写成 $F(x_t,\hat{x}_{t+1})=0$。在给定初始值和外生冲击的条件下，以上方程组能够确定一条唯一的动态变化路径。

（一）外生冲击和初始变量

如上一节第三部分所述，我们定义了六个外生变量，这些外生变量的变化可以视为经济体受到的冲击。这些冲击可以表示为 $\hat{\Psi}_{t+1}=\{\hat{A}_{n,\,t+1}^{j},\ \hat{d}_{ni,\,t+1}^{i},\ \hat{\upsilon}_{ni,\,t+1},\ \hat{\chi}_{n,\,t+1},\ \hat{\phi}_{n,\,t+1},\ g_{n,\,t+1}\}$，分别是：生产率冲击 $\hat{A}_{n,\,t+1}^{j}$，贸易壁垒冲击 $\hat{d}_{ni,\,t+1}^{i}$，劳动力流动壁垒冲击 $\hat{\upsilon}_{ni,\,t+1}$，投资冲击 $\hat{\chi}_{n,\,t+1}$，消费偏好冲击 $\hat{\phi}_{n,\,t+1}$ 和人口自然增长率冲击 $g_{n,\,t+1}$。

为确定唯一的动态变化路径，需要给出 t_0 期的五个初始值，分别是：各地区的总吸收 $X_{n,\,t_0}$，各地区的总产出 $Y_{n,\,t_0}$，各地区之间的贸易比例 $\pi_{ni,\,t_0}^{j}$，各地区之间的迁移比例 $m_{ni,\,t_0}$，以及各地区的初始资本变化值 $\hat{K}_{n,\,t_0+1}$。

（二）动态变化路径

在上一节所述冲击 $\widehat{\Psi}_{t+1}$ 以及五个初始变量 $X_{n,\,t}$、$Y_{n,\,t}$、$\pi_{ni,\,t}^{j}$、$m_{ni,\,t}$ 和 $\widehat{K}_{n,\,t+1}$ 给定的条件下，我们可以刻画内生变化路径的方程。通过方程，我们可以解出内生变量下一期的变化值，包括各地区间贸易比例的变化值 $\widehat{\pi}_{ni,\,t+1}^{j}$、各地区商品价格的变化值 $\widehat{p}_{n,\,t+1}^{j}$、各地区间迁移比例的变化值 $\widehat{m}_{ni,\,t+1}^{j}$、各地区劳动力的变化值 $\widehat{L}_{n,\,t+1}$、各地区总吸收的变化值 $\widehat{X}_{n,\,t+1}^{j}$、各地区总产出的变化值 $\widehat{Y}_{n,\,t+1}^{j}$、各地区资本的变化值 $\widehat{K}_{n,\,t+2}$、各地区工资的变化值 $\widehat{w}_{n,\,t+1}$ 和各地区利率的变化值 $\widehat{r}_{n,\,t+1}$。[①] 根据定义 $X_{n,\,t+1}^{j} = X_{n,\,t}^{j}\,\widehat{X}_{n,\,t+1}^{j}$，$Y_{n,\,t+1}^{j} = Y_{n,\,t}^{j}\,\widehat{Y}_{n,\,t+1}^{j}$，$\pi_{ni,\,t+1}^{j} = \pi_{ni,\,t}^{j}\,\widehat{\pi}_{ni,\,t+1}^{j}$，$m_{n,\,t+1} = m_{n,\,t}\,\widehat{m}_{n,\,t+1}$，在给出外生冲击 $\widehat{\Psi}_{t+2}$ 的条件下，就可以求出各内生变量 t+2 期的变化值。以此类推，可得出各时期内生变量的动态变化路径。

五、外生冲击的估计

为了估计外生变量对经济增长的影响，我们需要对模型的参数进行设定，并且用实际数据反向迭代出外生冲击 $\widehat{\Psi}_{t+1}$，为下一步的反事实模拟做准备。

（一）数据来源

投入产出的数据来自中国地区投入产出表，时期包括 1997 年、2002 年、2007 年和 2012 年。省际贸易流动的数据来自中国 30 个省（区、市）区域间投入产出表，时期同样包括 1997 年、2002 年、2007 年和 2012 年。据此我们采用

---

① 利用这些比例变化值，我们可以刻画动态路径变化的方程。

插值的方法，得出 1997 年到 2012 年中国地区投入产出和省际贸易的年度数据。人口迁移率采用 2000 年和 2010 年全国人口普查数据，以及 2005 年和 2015 年全国 1% 人口抽样调查的数据。我们将五年前常住地视为人口的迁出地，现住地视为人口的迁入地，并平均分配五年内的迁移率，得到人口迁移的年度数据。

各省份的投入产出数据包含了进出口规模数据，而且沿海省份如广东、上海等，对外贸易的占比较高。因此为使数据构造完备，同时探索对外贸易对中国经济增长的影响，本章将中国以外的世界其他地区视为第 31 个地区。该地区的投入产出以及人口数据来自世界银行。本章不考虑跨国劳动力转移，因此假设中国各省份与世界其他地区之间没有人口流动。

（二）模型参数

参数的赋值如表 2.1 所示。模型中参数 θ 和 α 的赋值参考了 Eaton et al.（2016），分别为 2 和 0.55，参数 η 的赋值参考了 Tombe、Zhu（2015）和 Jiang、Shi（2015），赋值为 2。折旧率 δ 我们选择 0.1 作为年折旧率。时间偏好 ρ 我们选择 0.95，对应 5% 的年均利率。总消费中的服务占比 φ^s 我们定为 0.4625，该值是将 2011 年 CPI 篮子中的居住、医疗保健、家庭设备及维修服务和娱乐教育文化用品及服务归为服务业以后得出的比例。β_n^j 的确定使用了 2012 年地区投入产出表中的劳动所得占总收入的比例，各省份的 β_n^j 有所不同，但不随时间变化。表 2.1 中所示为各省份 β_n^j 的均值，方括号内为所有省份 β_n^j 的范围。

表 2.1　模型参数设定

参数	赋值	参数描述
θ	2	生产率的差异性
η	2	劳动力流动收入的差异性
α	0.55	投资转化率
δ	0.1	折旧率
ρ	0.95	时间偏好
φ^s	0.4625	总消费中服务占比

参数	赋值	参数描述
β_n^D	0.396 [0.188, 0.524]	耐用品部门的工资占总产出的比例
β_n^N	0.296 [0.081, 0.471]	非耐用品部门的工资占总产出的比例
β_n^S	0.542 [0.364, 0.753]	服务部门的工资占总产出的比例

资料来源：作者整理

（三）外生冲击

为了迭代出外生冲击 $\widehat{\Psi}_{t+1}$，我们首先求解 1997 年至 2012 年 $\widehat{K}_{n,t+1}$ 的变化。在计算出所有时期的 $\widehat{K}_{n,t+1}$ 以后，我们根据实际数据反向迭代，得出 2000 年至 2012 年的外生冲击 $\widehat{\Psi}_{t+1}$。结果显示，三个部门的生产率在绝大部分地区都有显著的上升，而且上升的幅度也是所有冲击中最大的，因此可以说生产率的提高是 GDP 增长的主要动力。在大部分地区生产率的冲击逐渐减小，这也符合经济增长的一般规律。贸易壁垒冲击数据显示，对于大部分地区而言，耐用品的贸易壁垒在样本期内都有显著减小，非耐用品的贸易壁垒虽然减小幅度没有耐用品显著，但减小趋势依然明显。值得注意的是，耐用品的国际贸易成本减小幅度较大，这显示中国制造业进出口的各项成本在降低。通过对劳动力流动壁垒冲击的分析，我们发现，2000 年至 2012 年，整体劳动力流动壁垒经历了先上升后下降的趋势。因此，不同于以往的研究，我们认为在 20 世纪 90 年代由于人口流动管理较松，大批劳动力涌入北京、上海、广州务工，造成了人口的大迁移。随着一线城市房价的提升和准入管制的实施，21 世纪初劳动力从经济欠发达地区向经济发达地区转移遭遇了阻碍，因此劳动力流动壁垒显著升高。2002 年以后，随着户籍制度的改革和各项促进劳动力流动政策的出台，人口流动的规模再次扩大。因此，整个样本期间人口流动规模呈倒 U 形曲线。[①]

---

① 利用模型可计算出外生冲击在各省份随时间变化的情况。

六、量化分析

（一）模型和数据

通过对模型参数的校准和外生冲击的估计，我们可以评估模型对实际观察数据的拟合程度。我们在模型中引入所有外生冲击并计算动态模型所生成的结果。表 2.2 比较了模型所生成的 2002—2007 年和 2008—2012 年的实际产出增长率和我们在数据中所观察到的实际产出增长率。从整体上来讲，引入所有外生冲击能够解释大约 80% 的产出增长。此外，模型也能够刻画 2007 年之后实际产出增长下滑的状况。我们通过 1997 年、2002 年、2007 年和 2012 年各省份投入产出表插值近似计算得到每年的省际贸易份额，计算所得的省际贸易数据同实际省际贸易数据可能出现偏差，因此模型无法完全解释所有产出增长。

表 2.2 实际 GDP 增长率

	模型	数据
2002—2007 年	78.4%	73.8%
2008—2012 年	32.4%	56.7%
2002—2012 年	136.3%	172.4%

资料来源：作者整理

为了更好地刻画冲击对不同行业的影响，我们也计算了所有外生冲击对耐用品行业和非耐用品行业的影响。利用 2002 年、2007 年和 2012 年的年投入产出数据，我们将制造业划分为耐用品和非耐用品行业，并利用 GDP 平减指数估算了 2002—2007 年和 2008—2012 年的耐用品和非耐用品行业的实际产出增长率。表 2.3 比较了模型所生成的 2002—2007 年和 2008—2012 年的耐用品和非耐用品实际产出的增长率和我们在数据中所观察到的实际产出增长率。从整体上来说模型所生成的结果能够较好地刻画耐用品和非耐用品部门实际产出的增长变化。

表 2.3　耐用品和非耐用品部门实际产出增长率

	耐用品部门		非耐用品部门	
	模型	数据	模型	数据
2002—2007 年	119%	103%	60.3%	54%
2008—2012 年	15.6%	33.9%	31.1%	43%
2002—2012 年	153%	172%	110%	122%

资料来源：作者整理

（二）实际冲击的影响

为了更深入地理解区域间贸易、劳动力流动和投资冲击对产出影响的机制，在给定样本期内的外生冲击 $\hat{\Psi}_{t+1}$ 的基础上，我们计算 2000—2012 年这些冲击对实际 GDP 增长所带来的影响。

表 2.4 刻画了贸易壁垒冲击、劳动力流动壁垒冲击和投资冲击在 2000—2004 年、2004—2008 年和 2008—2012 年对实际产出的影响。情形 1 和情形 2 分别显示省际贸易壁垒 $\hat{d}_{ni}^{n,i\neq31}$ 和国际贸易壁垒 $\hat{d}_{ni}^{n=31,i=31}$ 冲击对实际产出的影响。首先，省际贸易壁垒下降显著影响了实际产出，而且 2000—2012 年其对实际产出的影响越来越大。国际贸易壁垒下降也能够对实际产出产生显著影响。对比省际贸易壁垒和国际贸易壁垒变化的影响，我们可以看到，省际贸易壁垒冲击对于经济增长的作用强于国际贸易壁垒冲击。此外，贸易

表 2.4　2000 年到 2012 年不同冲击对实际 GDP 的影响

情形	冲击类型	实际产出增长百分比		
		2000—2004 年	2004—2008 年	2008—2012 年
1	内部贸易成本 $d_{ni}^{n,i\neq31}$	1.4%	3.1%	9.5%
2	外部贸易成本 $d_{ni}^{n=31,i=31}$	1%	2.1%	3.4%
3	劳动力流动成本 v_{ni}	0.7%	1.7%	2.1%
4	投资冲击 χ_n	0.5%	15%	28.6%

资料来源：作者整理

壁垒变化对实际产出的影响随时间变化的特点也同中国经济增长的特点相一致。省际贸易壁垒的下降发挥了越来越重要的作用。

情形 3 显示了劳动力流动壁垒 $\widehat{v}_{ni}$ 对实际产出的影响。我们发现，劳动力流动壁垒的下降会对实际产出产生正向影响，而且 2000—2012 年其对实际产出的影响越来越大。对比其他冲击对经济的影响，劳动力流动壁垒仍然比较高，即使 2000—2012 年各省份的劳动力流动壁垒有不同程度的下降。

情形 4 刻画了投资冲击对实际产出的影响。结果显示，投资冲击对实际产出的影响十分显著。原因在于投资冲击影响了资本形成率，而资本形成率的提高则直接引起资本积累的快速增加，进而引起了产出的快速增长。此外，表 2.3 的结果也显示，投资冲击对实际产出的影响在 2008—2012 年有较大水平的提升，这一影响也同中国经济在此期间的表现紧密相关。2008 年国际金融危机爆发之后，中国推出了规模庞大的"四万亿"刺激计划，国家主导的各种投资项目快速启动，这些投资推动了中国经济在 2008—2012 年的快速增长并降低了国际金融危机对中国经济的影响。但是值得注意的是，投资冲击在这一时期的正面作用主要来源于投资规模，这一时期的投资效率实际上是下滑的。白重恩和张琼（2014）基于中国省际面板数据对资本回报率进行了估计，他们发现 2008 年之后资本回报率出现了大幅度的下滑，通过对资本回报率的分解他们发现投资率的上升是影响资本回报率的主要因素。资本回报率的计算主要依赖于资本的边际产出，因此白重恩和张琼（2014）所提到的投资效率（资本回报率）和本章中所考虑的投资冲击并不是同一个概念。另外，其他研究者如张勋和徐建国（2014）、陈彦斌等（2015），也利用相关宏观和微观数据估计了企业资本回报率和潜在资本配置扭曲所带来的损失，得出了 2008 年之后中国投资效率下滑的结论。

表 2.5 显示了模型中所引入的生产率冲击、贸易成本冲击、劳动力流动成本冲击和投资冲击对 2002—2012 年实际 GDP 增长的贡献率。我们发现，生产率冲击对实际产出增长的贡献最大，其中耐用品部门生产率的提高对实际产出的增长贡献较大。在样本期间，耐用品部门生产率的提高能够

贡献超过 19% 的实际产出的增长（见表 2.5）。[①] 非耐用品和服务部门生产率的提高则分别贡献了实际 GDP 增长的 12.77% 和 9.86%。内部和外部贸易成本对实际产出的贡献分别为 10.47% 和 4.80%。2002—2012 年省际贸易成本对经济增长的作用要强于国际贸易成本的影响。对劳动力流动成本的分析显示，劳动力流动壁垒的变化对实际产出的影响比较有限，可能的原因在于国内劳动力流动的壁垒仍较高。投资冲击也是推动实际产出增长的重要因素，贡献了 35% 以上的实际产出增长。同时，表 2.5 也比较了 2002—2007 年和 2008—2012 年不同冲击对产出增长的贡献。结果显示，区域间贸易成本变化和劳动力流动成本变化对于产出增长的贡献率呈上升态势，这说明国内要素市场统一在 2007 年之后发挥了更为重要的作用。此外，2007 年之后生产率对于产出增长的贡献率逐渐下降，而资本冲击对于产出增长的贡献率开始上升。

表 2.5　2002—2012 年不同冲击对实际 GDP 增长的贡献率

冲击类型		对实际 GDP 增长的贡献率		
		2002—2007 年	2008—2012 年	2002—2012 年
耐用品部门生产率	A_n^D	31.68%	20.26%	19.30%
非耐用品部门生产率	A_n^N	28.23%	12.96%	12.77%
服务部门生产率	A_n^S	17.45%	9.71%	9.86%
内部贸易成本	d_{ni}	3.73%	10.39%	10.47%
外部贸易成本	d_{ni} $n=31,\ i=31$	3.04%	4.06%	4.80%
劳动力流动成本	v_{ni}	2.00%	2.45%	3.35%
投资冲击	χ_n	10.08%	38.03%	35.22%

资料来源：作者整理

　　值得注意的是，关于劳动力流动壁垒的变化对实际产出的影响，本章的结论与已有一些研究如蔡昉（2017）、Tombe 和 Zhu（2016）等的结论有一定差别，其根本原因在于，我们在讨论区域间贸易壁垒和劳动力流动壁垒的

---

　　① 表 2.5 计算了不同冲击关于实际产出的边际效应。由于不同冲击之间存在相互作用，在引入不同冲击后所得到的边际效应也不同，因此表 2.5 的结果是关于不同冲击排列组合所得边际效应的平均值。

同时，还考虑了资本的动态积累过程，而资本积累对于中国经济增长的重要意义不言而喻，不容忽视。蔡昉（2017）探讨了劳动力在产业之间的转移如何解释 1978—2015 年劳动生产率的变化，他发现劳动力重新配置是重要因素之一。通过分解不同产业对劳动生产率的贡献和劳动力的配置效应，蔡昉（2017）发现产业生产率的提高可以解释大约 50% 劳动生产率的提高，而劳动力的配置能够解释剩余大约 40%。Tombe 和 Zhu（2016）主要探讨了劳动力在省内农业和非农业间流动和省际间流动如何解释 2000—2005 年中国经济增长，其样本时间区间比本章的要短。他们按照生产率、区域贸易壁垒和劳动力流动壁垒对 2000—2005 年中国的经济增长进行分解，发现生产率的变化是经济增长的主要因素，此外区域间贸易壁垒的变化能够解释大致 15% 的经济增长，而劳动力流动成本的变化大致可以解释 10% 的经济增长。本章在考虑区域间贸易和劳动力流动的同时，引入了资本积累过程来讨论 2000—2012 年的中国经济增长，而 Tombe 和 Zhu（2016）模型在比较 2000 年和 2005 年中国经济增长时并未引入资本动态变化。通过本章对中国经济增长分解的结果，我们可以看到生产率的变化仍然为影响中国经济增长的最重要因素，这一结果同蔡昉（2017）以及 Tombe 和 Zhu（2016）相一致。但是，由于引入了资本积累，投资冲击大概能够解释 30% 的经济增长。区域间贸易壁垒的变化，其中包含省际贸易壁垒和国际贸易壁垒，大致可以解释 15% 的经济增长，而劳动力流动成本的变化对经济增长的影响大致为 3.4%。相比于蔡昉（2017）以及 Tombe 和 Zhu（2016）的研究，本章发现劳动力流动成本的变化对中国经济增长的影响偏低，主要由于以下两个原因：一方面，中国劳动力流动成本仍旧偏高，过去一段时间劳动力流动壁垒的下降并不十分显著；另一方面，我们在模型中引入了资本积累，投资对经济增长的影响在较大程度上减弱了劳动力流动成本变化所带来的影响。

为了分析不同冲击对行业的影响，我们计算了不同冲击对于耐用品部门和非耐用品部门的影响。表 2.6 和表 2.7 分别显示了模型中所引入的生产率冲击、贸易成本冲击、劳动力流动成本冲击和投资冲击对 2002—2012 年耐用品和非耐用品部门产出增长的贡献率。表 2.6 显示,生产率冲击和投资冲击对耐用品部门产出增长的贡献较大。此外,从 2007 年之后生产率冲击带来的效果开始减弱,同时投资冲击也发挥了更大的作用。通过对投入产出数据的分析,我们发现 2007 年之前耐用品的贸易主要集中在省内,而 2007 年之后省际耐用品贸易份额开始上升,同时 2002—2012 年各省份耐用品进口份额大幅提升。因此,表 2.6 显示外部贸易成本相对内部贸易成本更能够推动耐用品产出增长。劳动力流动成本的变化主要影响家庭收入,进而影响了非耐用品产出。因此,表 2.6 中劳动力成本变化对耐用品产出增长的贡献并不显著。表 2.7 比较了不同冲击对非耐用品产出增长的贡献率。结果显示,生产率冲击和投资冲击对非耐用品产出增长贡献较大。此外,内部贸易成本相较于外部贸易成本对非耐用品产出增长的影响更大。劳动力流动成本的变化也贡献了非耐用品产出的增长。

表 2.6　2002—2012 年不同冲击对耐用品部门增长的贡献率

冲击类型		对实际产出增长的贡献率		
		2002—2007 年	2008—2012 年	2002—2012 年
生产率冲击	$A_n^D A_n^N A_n^S$	69.31%	24.59%	25.45%
内部贸易成本	d_{ni}	−3.36%	8.71%	6.59%
外部贸易成本	d_{ni} $n=31, i=31$	13.26%	16.58%	15.94%
劳动力流动成本	v_{ni}	−4.33%	1.28%	−2.23%
投资冲击	χ_n	25.12%	48.85%	54.25%

资料来源:作者整理

表 2.7　2002—2012 年不同冲击对非耐用品部门增长的贡献率

冲击类型		对实际产出增长的贡献率		
		2002—2007 年	2008—2012 年	2002—2012 年
生产率冲击	$A_n^D A_n^N A_n^S$	77.00%	48.16%	38.27%
内部贸易成本	d_{ni} $n, i \neq 31$	14.56%	22.97%	21.92%
外部贸易成本	d_{ni} $n=31, i=31$	−0.53%	−2.68%	−1.29%
劳动力流动成本	v_{ni}	9.45%	3.44%	9.26%
投资冲击	χ_n	−0.49%	28.10%	25.26%

资料来源:作者整理

（三）模拟潜在冲击的影响

以上分析显示，贸易成本、劳动力流动成本的下降会减少资源的无效配置，并能够显著解释2000—2012年的中国经济增长。在表2.8中我们可以看到这些因素潜在改进对实际产出的影响。

表 2.8　模拟冲击对经济的影响

	冲击类型	实际产出增长贡献率
1	内部贸易成本 d_{ni} $n, i \neq 31$	7.3%
2	外部贸易成本 d_{ni} $n=31, i=31$	7.7%
3	劳动力流动成本 v_{ni}	3.5%

资料来源：作者整理

我们从2012年初始均衡开始，求解潜在冲击对均衡结果的影响。我们假定存在一个当期冲击，并估算这个冲击会对未来经济增长产生的影响。在这一过程中，我们控制其他冲击不变。对于贸易成本，我们设定贸易壁垒冲击 $d^j_{ni, t}$ 为0.8。我们在模型中引入这一冲击并计算均衡结果，发现相对于2012年均衡结果，省际贸易壁垒和国际贸易壁垒的进一步下降将带来的实际产出提高分别为7.3%和7.7%。对于劳动力流动成本，由于其波动幅度比贸易壁垒大很多，而且有非对称效应，难以给出一个合理的数值。因此，我们构造冲击并假定其为所观察样本期的最低值，以此来考察未来劳动力流动壁垒的放宽对产出增长的影响。表2.8显示，劳动力流动壁垒的潜在下降将使得实际产出增长3.5%。因此，贸易壁垒和劳动力流动壁垒的进一步降低，能改善国内的宏观资源配置，从而对实际产出的增加起到积极作用。

（四）模型应用

以上所讨论的模型可以帮助我们计算某一特定地区外部冲击对整体经济

以及对其他地区所带来的影响。在这一部分，我们主要利用模型讨论中国经济某些外部冲击的传导及其影响。

首先，我们考虑广东省生产率提高所带来的影响。1978 年后，广东率先在全国实行改革开放。凭借毗邻港澳的地理位置和国家的优惠政策，广东省一跃成为中国经济总量最大并且增长最快的省份。作为对中国经济贡献最大的省份，广东拥有华为、中兴、美的、格力等众多位于世界创新前沿的制造业企业。2010 年，广东制造业占比已经达到全国的 12%。在当前我国快速提高制造业创新能力，推动中国制造业升级的背景下，研究广东省生产率提高及其对其他省份的影响有重要的意义。

为了分析广东省生产率提高所带来的区域传导效应，我们仅在模型中引入广东省关于生产率的外生冲击。图 2.3 显示了广东省生产率的改善对不同省份 2000 年和 2010 年实际产出的影响。显然，广东省获得了生产率提高最直接的影响。东部沿海省份也获得了广东省生产率提高所带来的显著正面影响。由于广东省周边省份同广东省是竞争关系，所以相对于东部沿海省份山东、江苏和浙江，广东省周边省份的获益要少。此外，我们可以看到随着生产率的提高，2010 年整体产出有显著提高。

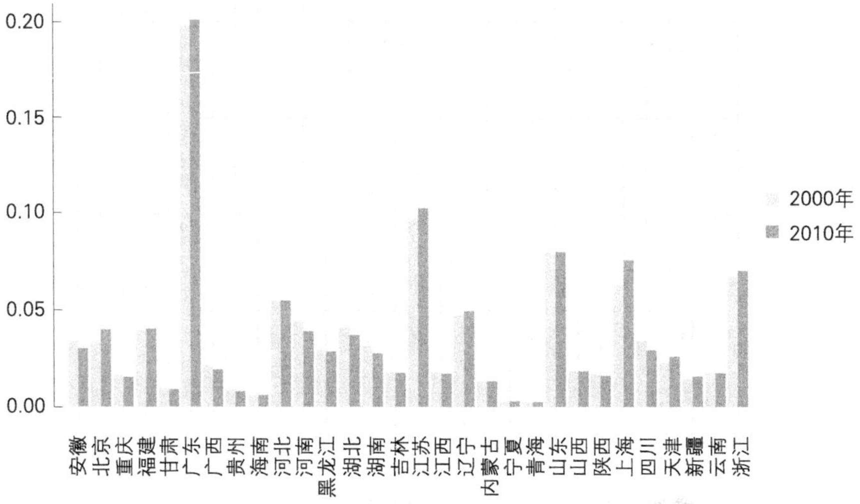

图 2.3　广东省生产率提高：2000 年和 2010 年地区实际产出影响

资料来源：作者整理

伴随广东生产率的提高，劳动力也开始向广东转移。图 2.4 显示了广东生产率改善对不同省份 2000 年和 2010 年劳动力流出比例的影响。生产率提高集中在广东，但是我们可以看到，全国范围内的劳动力流动都受到了影响，尤其是距离广东比较近的省份，例如四川、湖南和江西，劳动力流出更为显著。图 2.4 也显示，2010 年广东劳动力流出在整体上开始放缓。通过对广东劳动力流动冲击的分析，我们可以看到广东生产率的提高，显著提高了那些同广东有密切经济合作省份的产出，同时带来了全国范围内的劳动力流动。

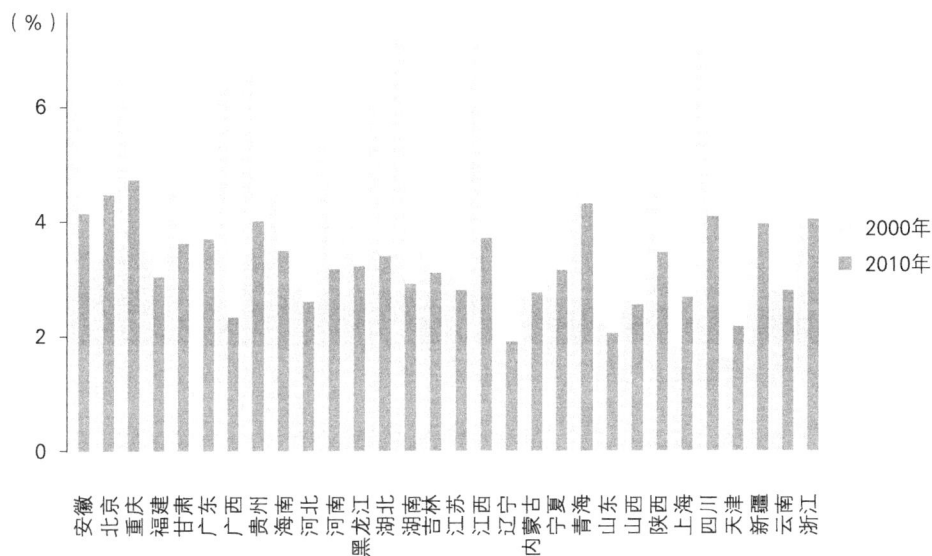

图 2.4 广东省生产率提高：2000 年和 2010 年各省份劳动力流出比例
资料来源：作者整理

其次，我们考虑一线城市北京和上海劳动力流入壁垒提高所带来的影响。由于生活成本和经营成本高企，北京和上海原有的中低端制造业不断外迁。同时，北京和上海现有的发展模式也限制了未来的发展空间，北京和上海通过较为严格的户籍制度和人口流向的管制政策来控制流入人口。

为了分析北京和上海人口流入壁垒提高所带来的区域传导效应，我们在模型中引入北京和上海人口流入壁垒冲击。假定 2020 年北京和上海人口流入壁垒相对 2000 年提高 50%。图 2.5 显示了在引入北京、上海人口流动壁垒冲击下不同省份实际产出的变化。随着北京和上海人口流入壁垒的提高，沿海省份和内陆省份会吸纳部分劳动力，劳动力的流入会提高这些省份的实际产出。图 2.6 显示了北京和上海人口流入壁垒冲击对不同省份 2000 年和 2020 年劳动力流出比例的影响。我们可以看到，伴随北京和上海人口流入壁垒的提高，我国中西部地区的人口流出比例显著降低。北京和上海人口流入壁垒的提高会对其他省份的人口流出产生较强的负面影响。[①]

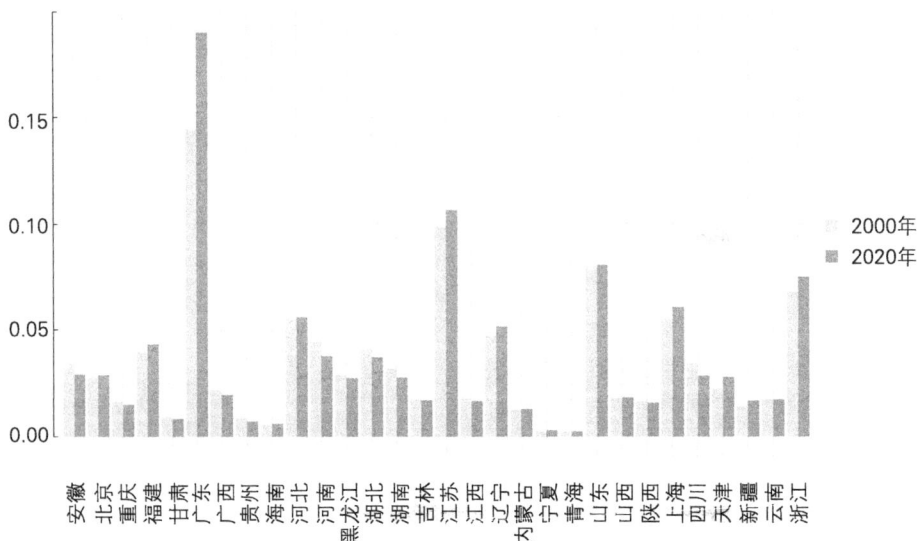

图 2.5　北京、上海劳动力流入壁垒提高对 2000 年和 2020 年地区实际产出的影响
资料来源：作者整理

① 本章也考虑了北京和上海人口流动壁垒提高对于各省人口流入的影响。我们发现，北京、上海劳动力流入壁垒提高时，周边省份的劳动力流入比例发生了较大幅度的下滑，同时在 2000 年人口流入比例较大的中西部省份也出现了人口流入比例的下滑。这一结果其实是同模型机制相符的。模型同时考虑了区域间劳动力和产品的流动，劳动力的流动变化也会带来产品流动的变化。北京、上海劳动力流入壁垒的提高必然减少北京、上海的劳动力数量，这也会使两个地区的产出减少。由于区域贸易的影响，北京、上海周边地区得到的耐用品数量也相对减少了，这就影响了该地区的生产，导致北京、上海周边地区的劳动力流入也相对减少。此外，在原先是人口流出的中西部地区，由于前往北京和上海务工的人员减少，当地就业人数也会有相应增加。这就对当地的工资产生了向下的压力，导致中西部地区对其他地区人口流入的吸引力减弱，所以中西部省份也出现了人口流入比例的下滑。同时我们的计算结果也显示，广东和浙江两省劳动力流入有上升趋势。这一结果也同当前人口流入的特点相吻合。

（％）

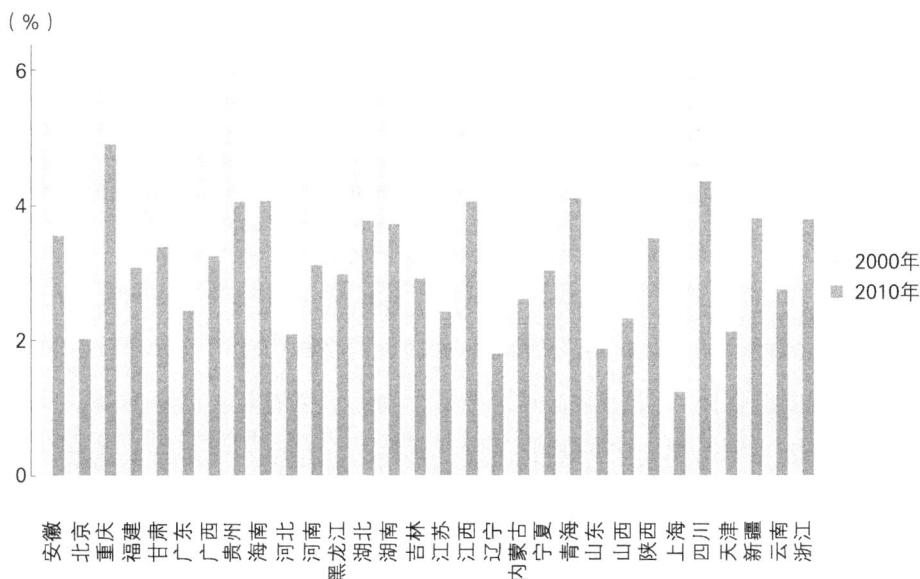

图2.6 北京、上海劳动力流入壁垒提高：2000 年和 2020 年各省份劳动力流出比例
资料来源：作者整理

七、结论

本章将区域间产品流动、劳动力流动以及投资等因素全部纳入动态一般均衡分析框架，构建了一个多部门多区域模型来刻画和拟合中国经济，并以此为基础在定量层面上探讨全国统一大市场建设对于中国经济增长所起的重要作用。与基准贸易模型类似，本章的模型能够刻画不同行业和区域之间产品的相互联系。同时，劳动者对工作地点的选择能够用来刻画区域之间劳动力的流动。给定这些刻画区域间和行业间相互联系的机制，我们就能够比较系统地研究与统一大市场建设有关的各种因素对中国整体经济的影响，尤其是区域贸易摩擦和劳动力流动摩擦对经济增长的影响。

利用区域间投入产出数据和省际人口流动数据，我们可以构建省际产品和劳动力流动数据。利用这些数据，我们的模型可以估计不同的外生冲击并评估这些冲击对经济的影响。我们发现，耐用品部门生产率的冲击是影响过去 20 多年中国经济增长最重要的因素，此外，区域间贸易壁垒的降低和投资冲击的提高也对经济的增长起到了积极作用。我们还利用本章的模型，在一般均衡视角下分析了广东省生产率提高所带来的区域传导效应以及北京和上海劳动力流入壁垒提高对中国经济带来的影响。

进一步地，利用模型的反事实模拟，我们可以分析在给定冲击的前提下未来经济增长的变化。我们发现，区域间贸易和劳动力流动壁垒的降低将发挥重要的作用。通过对模型的分析，我们可以看到，省际贸易对于推动地区发展和协作起到了重要的作用，并将一直是中国经济增长的重要动能。因此，政府要继续推进各个层次的改革，加强生产要素以及商品和服务在不同区域和不同部门之间的自由流动，继续降低地方市场的分割度、提高全国统一大市场的一体化水平，使中国经济增长的潜力得到充分发挥，这是加快构建以国内大循环为主体、国内国际双循环相互促进的新发展格局的必然举措。

本章的模型和分析框架还可以进一步拓展，以对其他一些重要因素进行分析。例如，本章模型没有考虑产品质量差异以及劳动力质量差异对商品流动和劳动力流动的影响，构建异质性产品质量和劳动力模型，有助于区分人为的壁垒因素和质量差异本身对产品和劳动力流动所带来的不同影响。

第三章

贸易冲击对区域经济的影响

　　加入世界贸易组织（WTO）对我国制造业发展影响深远，本章基于1997年、2002年、2007年、2012年和2017年30个省级行政区行业—地区层面的截面数据，考察由区域贸易构造的关税冲击对各地制造业就业和产值的影响。研究发现："入世"后出口关税降低引致的外需扩张对制造业就业和产值的促进效果随时间递减，影响通过区域贸易向上游传导到本地需求品的提供地；需求冲击对就业和产值的拉动作用主要集中在低等和中等技术水平行业；冲击的影响存在行业异质性。以中美贸易摩擦进行反事实检验发现，重点省份的战略性行业受到较大贸易冲击，产值和就业损失较大。

一、引言

2021 年 12 月 11 日，中国正式加入世界贸易组织 20 周年。始终坚持对外开放极大促进了我国各个行业尤其是制造业的发展，中国制造业深度参与国际分工并成为其中举足轻重的一环，行业发展与国际环境日渐密不可分。现今，我国面临的国际环境与 20 年前已大不相同，国际市场存在诸多不确定性和潜在风险，回顾"入世"对区域经济的影响路径，有助于提升市场抵御风险的能力，并为以国内大循环为主、国内国际双循环相互促进的观点提供佐证。

中国自改革开放以来，尤其是"入世"后，出口的增长速度令人瞩目。完善稳定的国际贸易市场与贸易自由化等外在环境和制度优化、技术升级、人力资本的扩张与升级等内在条件相互影响，共同促进出口规模实现大幅增长。基于出口的视角，贸易自由化主要通过出口关税和全球价值链的渠道影响制造业行业发展和就业水平（李胜旗和毛其淋，2018；郑鑫和薛同锐，2018；赵玉焕、史巧玲和尹斯祺，2019）。本章研究了伴随贸易自由化的出口关税降低对行业的冲击通过贸易跨区域传导的现象，在行业和地区层面验证了区域贸易对冲击扩散的正向渠道作用。

结合多变的国际环境和产业结构持续升级的国内环境来看，仅关注"入世"带来的行业冲击是不够的。2020 年，中共中央政治局常委会会议提出，要深化供给侧结构性改革，充分发挥我国超大规模市场优势和内需潜力，构建国内国际双循环相互促进的新发展格局。从容面对国际贸易中的机会和挑战，将国际市场的积极影响内化到国内市场是重中之重，而我国存在区域发展不均衡和行业结构急需升级等问题,考虑行业差异和区域差异对冲击的影响不可缺少(何冰和周申,2019;Erten et al.,2019)。

回顾文献,国际贸易如何影响就业一直是国内外学者关注的焦点,关于贸易自由化对就业的影响国外学术界所持观点主要有三种:Erten et al.(2019)认为贸易自由化能通过优化产业布局、促进技术转移、改善市场环境以及利用比较优势促进就业。对于发达国家的研究发现,贸易自由化在改善市场竞争环境、解决就业和收入分配问题的同时有利于扩大就业(Haskel 和 Szymanski,1993)。利用中国数据进行研究,Feenstra 和 Hong(2010)同样支持这一观点。少部分学者认为贸易自由化和就业水平不相关,如 Wacziary 和 Walack(2004)研究了 25 个国家的面板数据,发现贸易自由化与就业调整不存在关联性。Revenga(1997)认为两者呈现负相关关系。以上文献为研究贸易自由化对就业的影响提供了国际认同的理论依据和经验支持,同时也说明一个国家的就业在贸易自由化中的表现受到技术水平、地区差距和行业差异等多重因素影响。国内学者主要从行业层面出发,研究贸易自由化是否具有就业拉动作用,大多数学者认同贸易自由化促进就业的观点(盛斌和马涛,2008;毛日昇,2009;张川川,2015)。周申、海鹏和张龙(2020)发现,加入 WTO 后贸易自由化可降低制造业劳动力资源错配程度以促进就业。

随着贸易自由化的推进,我国各行业、区域受到的外需冲击表现为产出和就业波动。学者们分别从理论和实证的角度出发,或构建需求下降导致的经济衰退模型,或观察经验数据,发现需求下降地区的产出和就业率下降幅度最大(Eggertsson 和 Krugman,2012;Mian et al.,2013),经济体之间的经贸联系是重要的冲击传导渠道(Frankel 和 Rose,1998)。Glick 和 Rose(1999)最早研究国家之间贸易往来越频繁则其关联经济产值越大的现象。在这一研究的启发下,大量研究开始关注贸易开放、经济波动和产出协同效应(Kaminsky 和 Reinhart,2000;Eaton et al.,2016)。

与以往文献相关但有所区别的是,本章基于我国海关数据和各省各行业的就业生产数据，考察区域间贸易对外需扩张冲击的传导，由于区域行业间贸易强度能有效刻画外部冲击的传导机制，本章利用贸易强度构建贸易需求冲击变量（Trade Demand Shock，后称 TDS）识别外需冲击。此外，虽除 TDS 外还存在其他可能通过贸易途径影响就业和产出的因素，如各省信贷计划调整等政策变化，但这部分冲击的传导和贸易强度的联系并不大，且可被行业固定效应和区域固定效应吸收。本章核心变量的构造依赖地区间特定行业的贸易，并将被观测的传导限制于通过上下游贸易关系联结，如浙江的纺织业面临出口扩张，而北京受到这一事件影响的 TDS 的权重由两地纺织业的往来密集度确定，虽可排除对所有行业产生同质影响或有差异行业影响，但差异并不是与贸易强度相关的因素。实证结果表明，通过考虑贸易的传导作用，"入世"显著拉动了我国劳动力就业和行业产值，作用大小随时间递减，冲击对产值的影响较就业更持久，结论在考虑了 TDS 构造方式与传导方向等因素后仍然稳健。

与已有文献相比，本章贡献如下。首先，在研究视角上，以往文献更多直接从宏观的角度关注关税的影响，本章则将关税合理地加权到行业层面，结合投入产出数据，从行业和地区的视角综合考察外需冲击与区域贸易的关系。其次，在研究方法上，"入世"是很好的研究契机，这意味着冲击是外生的。本章核心变量的构造联结国内循环和国际环境，为探讨区域联系对外生冲击在国内的传导提供了研究思路。再次，本章考虑行业技术水平、生产耐用品与否和行业产品是否有指导交易价格对传导机制的影响，对现有文献进行补充。本章分析了行业技术水平差异、是否为耐用品行业，以及行业产品是否存在指导交易价格等不同异质性对传导机制的影响，有助于拓展该类研究的空间尺度和行业深度。最后，本章用经验数据对中美贸易摩擦期进行了反事实检验，增加了观察贸易冲突影响就业和产值的角度。

二、模型设定与数据说明

（一）模型设计与构建

本章主要研究外需扩张与国内制造业分行业产值和就业的互动关系，考虑建立一个衡量区域贸易网络传导需求冲击的模型，对"入世"冲击在不同行业的区域间传导机制进行分析与验证。

首先建立由 N 个地区和 S 个行业组成的贸易模型，假定每个地区 n 在每类行业中只生产一种商品，并消耗其他地区经营的所有行业商品，地区 n 的消费集表示如下：

$$C_n = \prod_k C_n^{k^{\alpha^k}} \qquad (3-1)$$

式（3-1）中，C_n 代表地区 n 的总消费，C_n^k 代表 n 地对 k 行业的消费，这一假定意味着所有行业的支出份额恒定，即 $X_n^k = \alpha^k X_n$，以及所有产品对收入的单位常数弹性。

n 地对 i 地 k 行业产品的需求由 C_{ni}^k 刻画，此时商品价格为 P_{ni}^k，n 地对 k 行业产品的总需求符合 CES 型函数：

$$C_n^k = \left(\sum_i C_{ni}^{k^{\frac{\sigma-1}{\sigma}}} \right)^{\frac{\sigma}{\sigma-1}} \qquad (3-2)$$

n 地 k 行业的价格指数为 P_n^k，由于存在贸易成本，不同地区的产品价格不同。n 地消耗来自 i 地 k 行业的总支出为：$X_{ni}^k = \left(\dfrac{P_n^k}{P_{ni}^k} \right)^{\sigma-1} \alpha^k X_n$。i 地 k 行业的总产出可写成：

$$Y_i^k = \sum_n X_{ni}^k = \sum_n \left(\frac{P_n^k}{P_{ni}^k} \right)^{\sigma-1} \alpha^k X_n \qquad (3-3)$$

据式（3-3），冲击对产出的直接影响反映在 X 上，间接影响反映在 P 上。只考虑初始产地 i 地 k 行业产出变化的直接效应，则其影响推导如下：

$$dlog Y_i^k = \frac{dY_i^k}{Y_i^k} \qquad (3-4)$$

$dY_i^k = d\sum_n X_{ni}^k = d\sum_n \theta^{\alpha-1}\alpha^k X_n$，其中

$$\theta = \left(\frac{P_n^k}{P_{ni}^k}\right) \qquad (3-5)$$

将（3-5）式代入（3-4）式中，可得：

$$dlog Y_i^k = \frac{d\sum_n X_{ni}^k}{Y_i^k} \qquad (3-6)$$

结合 $X_n^k = \alpha^k X_n$，（3-6）式可写为：

$$dlog Y_i^k = \frac{d\sum_n X_{ni}^k}{Y_i^k} = \frac{\sum_n kd X_n}{Y_i^k} = \frac{\sum_n k}{Y_i^k}\frac{X_{ni}^k \Delta log X_n}{k} = \sum_n \frac{X_{ni}^k}{Y_i^k}\Delta log(X_n)$$

由此得到：

$$\Delta log(Y_i^k) = \sum_n \frac{X_{ni}^k}{Y_i^k}\Delta log(X_n) \qquad (3-7)$$

经济产出和消费者支出两者相同的决定机制会导致模型出现严重的共线性问题，需另选解释变量来衡量两者的关系。贸易开放是中国经济增长的关键驱动因素，给中国带来了资本、广阔的国际市场、先进的技术和管理经验，本章探讨外需扩张对国内经济的影响。为研究中国加入 WTO 后贸易环境改变的市场影响，本章用关税刻画贸易自由化水平。根据 Dix-Carneiro 和 Kovak 的研究（2017），本章构建如下指标来衡量区域关税变化：

$$RTC_i = -\sum_k \beta_{ik} d\ln(1+\tau_k) \qquad (3-8)$$

$$\beta_{ik} = \frac{\lambda_{ik}\frac{1}{\varphi_k}}{\sum_j \lambda_{ij}\frac{1}{\varphi_j}} \qquad (3-9)$$

RTC_i（Regional Tariff Change）代表 i 省的区域关税变化，τ_k 代表 k 行业关税。λ_{ik} 代表 i 省 k 行业的就业人数份额，φ_k 为 k 行业的特定要素成本，等于 1 减去劳动力成本在初始投入中的占比。冲击影响 i 地 k 行业的直接效应可写成：

$$TDS_i^k = \sum_{n=1}^N \frac{X_{ni}^k}{Y_i^k}RTC_n \qquad (3-10)$$

TDS_i^k 衡量 k 产品产地 i 受到的贸易冲击，由从 i 地进口 k 产品的 n 地面临的 RTC 加总得来，权重由 n 地消费在 i 地总产出中的占比给定，贸易两端区域的产品供给和需求冲击传导方向如图 3.1 所示。

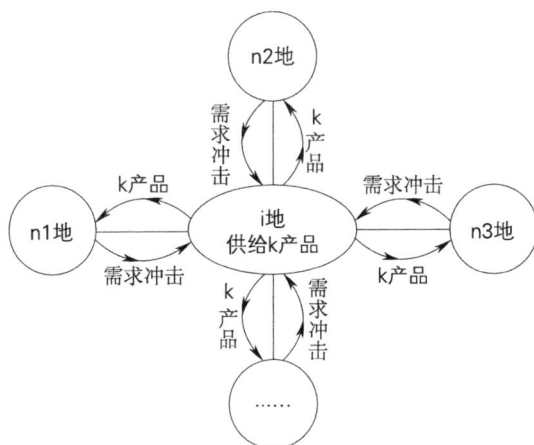

图 3.1 贸易冲击传导方向示意图

资料来源：作者整理

构建估计模型如下：

$$\Delta \log \left(L_i^k \right) = \beta_1 TDS_i^k + \lambda X_i^k + \varepsilon_i^k \qquad （3-11）$$

式（3-11）中，L_i^k 表示 i 地 k 行业就业人数，β_1 是回归系数，X_i^k 为控制变量，至少包括截距项、区域和行业固定效应，当因变量为就业增长率时，控制劳动者报酬变动、营业盈余变动、产出变动，当因变量为行业产出增长率时，控制固定资产折旧变动和劳动者报酬变动，ε_i^k 为随机扰动项。

（二）样本与数据

本研究使用了我国制造业 1997 年、2002 年、2007 年、2012 年、2017 年的关税数据、地区投入产出数据以及行业—地区层面的就业人数和产值，数据分别来自 WTO 关税数据库、《中国工业经济统计年鉴》和地区投入产出表。

中国"入世"后出口关税逐年降低，制造业就业随时间呈递减的趋势，见图 3.2 和图 3.3。行业平均关税在四个时间段的平均降幅为 29.7%、20.1%、0.4% 和 0.68%。1997 年、2002 年、2007 年、2012 年和 2017 年 15 个制造业分行业关税情况见图 3.4。

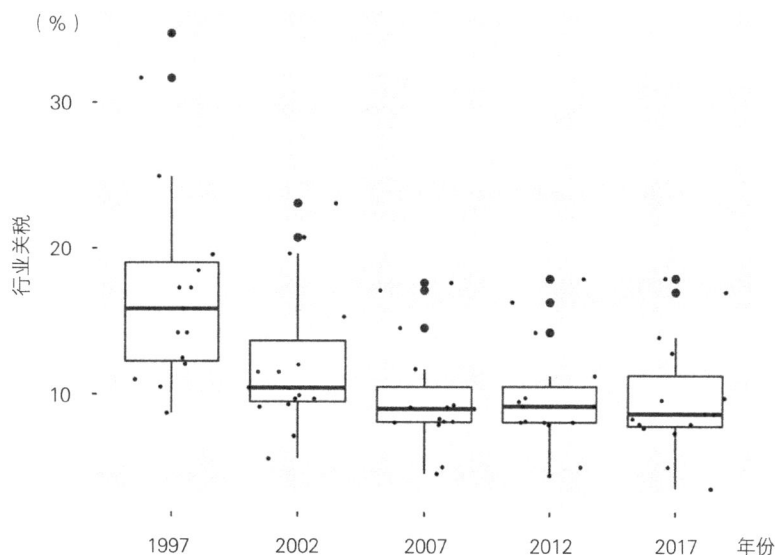

图 3.2 制造业 15 个分行业的行业关税变化箱状图

资料来源：WTO 关税数据库

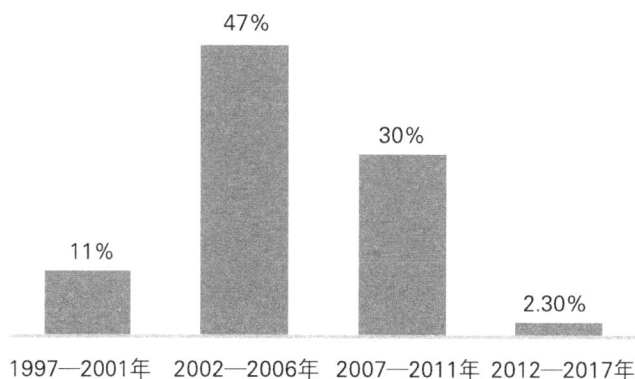

图 3.3 1997—2002 年、2002—2007 年、2007—2012 年、2012—2017 年制造业就业人口增长率

资料来源：对应年份的《中国工业经济统计年鉴》

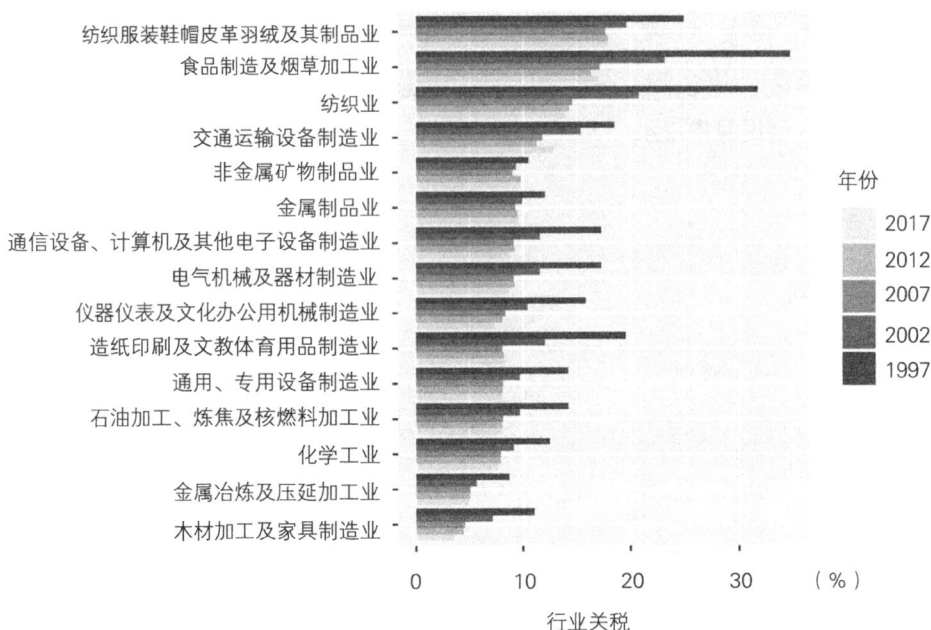

图 3.4　1997 年、2002 年、2007 年、2012 年和 2017 年 15 个制造业分行业关税

资料来源：作者根据相关资料整理

三、实证结果与分析

本章从劳动力市场和行业产值的视角，通过经验分析验证了贸易对经济冲击显著的扩散作用，主要结论在稳健性检验中成立。

（一）基准回归结果

分别以制造业分行业就业人数和行业产值的增长率为因变量进行回归分析，如果贸易渠道可以解释"入世"冲击的传导，则 $\beta_1>0$，即面临更高 TDS 地区的就业人数和行业产值增长率更高。

分别用各期期初 TDS 对 1997—2002 年、2002—2007 年、2007—2012 年、2012—2017 年就业和行业产值的增长率进行回归分析，结果如表 3.1 所示。

表 3.1 1997 年、2002 年、2007 年和 2012 年的 TDS_i^k 对 1997—2002 年、
2002—2007 年、2007—2012 年和 2012—2017 年行业
就业人口增长率和产值增长率的回归结果

变量	就业				行业产值			
	1997—2002 年	2002—2007 年	2007—2012 年	2012—2017 年	1997—2002 年	2002—2007 年	2007—2012 年	2012—2017 年
TDS_i^k 1997	0.0805（0.121）	—	—	—	0.0738（0.096）	—	—	—
TDS_i^k 2002	—	0.589**（0.226）	—	—	—	0.654***（0.143）	—	—
TDS_i^k 2007	—	—	0.219***（0.070）	—	—	—	0.0998*（0.049）	—
TDS_i^k 2012	—	—	—	0.0225（0.019）	—	—	—	0.0902**（0.338）
观测值	450	450	450	450	450	450	450	450
行业固定效应	√	√	√	√	√	√	√	√
区域固定效应	√	√	√	√	√	√	√	√
控制变量	√	√	√	√	√	√	√	√
R 平方	0.293	0.264	0.502	0.572	0.03	0.177	0.247	0.358

注：*、**、*** 分别表示在 10%、5% 和 1% 的统计水平上显著，括号内为标准误。

资料来源：作者整理

表 3.1 中 β_1 显著为正，TDS 越大的地区就业人口和行业产值增长越快。在 2002—2007 年我国"入世"最初的五年中，TDS 每增加一单位，该地行业就业人口增加 58.9%，2007—2012 年降为 21.9%，β_1 在 1997—2002 年和 2012—2017 年不显著。2002—2007 年单位 TDS 对行业产值的拉动作用为 65.4%，2007—2012 年降为 9.98%，2012—2017 年进一步降至 9.02%，冲击影响随时间逐步减小，1997—2001 年的 β_1 不显著。

（二）冲击传导机制探讨

实证研究识别了 TDS 和行业就业、产值增长率的关系，但无法捕捉被区域和行业固定效应吸收的部分，因此有必要阐述贸易如何在区域间传导冲击。

伴随贸易自由化，出口关税的降低将引致外需增加，并以增加可贸易产品贸易的形式影响需求扩张产品的产地，即我国相关地区将受到贸易自由化的正向冲击。定义拥有较多产品需求扩张行业的地区为相对开放地区，受到冲击的相对开放地区将扩张生产、扩大劳动雇用以及增加消费，进而促进这些地区的就业和产值增长。外需扩张的拉动作用并不局限于相对开放地区，这些地区的企业盈利、家庭收入增加，市场中各经济主体也对未来持乐观态度，增加消费，将冲击传递至与相对开放地区贸易联系紧密的其他地区。与外需增加能促进相对开放地区经济发展的逻辑相同，相对发达地区的消费扩张将刺激供给本地可贸易商品的相关行业和地区的发展，国内区域间进出口贸易为冲击的传导渠道。

由于行业关税不同且每个地区的行业结构存在差异，加权至每个地区的区域关税存在差异。与出口扩张行业关联最密切的地区受到的冲击最大，较少生产出口扩张产品的地区则通过加强与上述地区的经济联系来共享贸易自由化的好处。劳动力就业具有跨区域和行业流动的特点，外需变化和国内相对开放地区的需求变化可通过贸易影响就业及劳动力流动。本章的关注重点并非外需变化对就业的影响，而是考察综合劳动要素成本、区域就业结构和区域贸易联系等变量的经贸易网络传导的 TDS 与行业劳动力就业和行业产出的互动关系。

（三）异质性检验

1. 行业研发强度

为探究行业技术水平对冲击传导的影响，本章以行业研发强度为分组变量，参照盛斌和廖明中（2004）的研究将样本分为研发强度高、中、低三组，在每组内用期初 TDS 对 2002—2007 年的行业就业和产值增长率进行回归，结果如表 3.2 所示，TDS 只对低、中等技术水平行业的就业和产值有显著的拉动作用，对中等技术水平行业促进作用更大。

表 3.2　按行业技术水平分组的 2002 年的 TDS_i^k 对 2002—2007 年
行业就业人口增长率和产值增长率回归结果

变量	就业			行业产值		
	低	中	高	低	中	高
TDS_i^k 2002	1.00**（0.468）	1.96**（0.719）	0.421（0.366）	0.298**（0.129）	0.694**（0.262）	0.315（0.241）
观测值	240	90	120	240	90	120
行业固定效应	√	√	√	√	√	√
区域固定效应	√	√	√	√	√	√
控制变量	√	√	√	√	√	√
R 平方	0.135	0.135	0.513	0.168	0.274	0.246

注：** 表示在 5% 的统计水平上显著，括号内为标准误。
资料来源：作者整理

2. 同质性行业 vs. 异质性行业

通过贸易网络传导冲击的想法暗含了生产者不能轻易替代满足消费者需求的观点，如果生产者在单一的现货市场进行销售，则需求冲击的影响在同行业的生产厂商之间平均分配。参考 Rauch（1999）和 Nunn（2007）研究中所采用的分类标准，根据产品是否在有组织的交易市场上出售或有无参考价格将产品分为同质性产品和异质性产品；对应于同质性产品和异质性产品，行业也可分为同质性行业和异质性行业（见表3.3）。分组后的两组数据分别用期初的TDS对2002—2007年的就业和产值增长率进行回归，直觉上出售异质性商品行业的异质化效应更加明显，结果如表3.4所示。

表 3.3　行业分类表

异质性行业	同质性行业
食品制造及烟草加工业	造纸印刷及文教体育用品制造业
纺织业	通用、专用设备制造业
纺织服装鞋帽皮革羽绒及其制品业	交通运输设备制造业
木材加工及家具制造业	电气机械及器材制造业
石油加工、炼焦及核燃料加工业	通信设备计算机及其他电子设备制造业
化学工业	仪器仪表及文化办公用机械制造业
非金属矿物制品业	——
金属冶炼及压延加工业	——
金属制品业	

资料来源：作者整理

表 3.4　按异质性分组的 2002 年的 TDS_i^k 对 2002—2007 年行业
就业人口增长率和产值增长率的联合回归结果

变量	就业		行业产值	
	异质性	非异质性	异质性	非异质性
$TDS_i^k 2002$	0.766** （0.295）	0.248 （0.339）	0.669 （0.173）	0.374 （0.262）
观测值	330	120	330	120
行业效应	√	√	√	√
区域效应	√	√	√	√
控制变量	√	√	√	√
R 平方	0.156	0.560	0.275	0.166

注：** 表示在 5% 的统计水平上显著，括号内为标准误。
资料来源：作者整理

从回归结果来看，未在非异质性行业中观察到显著相关关系，只有异质性组的 TDS 对就业的影响维持正显著，符合行业异质性越大，贸易渠道的冲击传导效应越强的推测。

3. 耐用品 vs. 非耐用品

耐用品能被多次使用且寿命较长，按照国家统计局的定义将样本划分为耐用品和非耐用品。

考虑以下估计方程：

$$\Delta \log\left(L_i^k\right) = \beta_1 TDS_i^k + \beta_2 TDS_i^k \times nondurable^k + \lambda X_i^k + \varepsilon_i^k \quad （3-12）$$

k 为耐用品行业时 $nondurable^k = 0$，k 为非耐用品行业时 $nondurable^k = 1$，用期初 TDS 对 2002—2007 年的就业和产值增长率进行回归分析，结果如表 3.5 所示。

表 3.5 **2002 年的 TDS_i^k 和增加耐用品分类的 TDS_i^k 对 2002—2007 年行业就业人口增长率和产值增长率的联合回归结果**

变 量	就 业	行业产值
$TDS_i^k\, 2002$	0.878*** （0.263）	0.476** （0.183）
$nondurable^k \times TDS\, 2002$	1.30** （0.584）	0.308 （0.303）
观测值	450	450
行业固定效应	√	√
区域固定效应	√	√
控制变量	√	√
R 平方	0.277	0.176

注：**、*** 分别表示在 5% 和 1% 的统计水平上显著，括号内为标准误。
资料来源：作者整理

对就业增长率的回归结果显示，添加耐用品分类的冲击变量系数更大，即冲击在就业市场的传导主要受到生产非耐用品行业的影响，对行业产值的回归分析中未观测到类似现象。

四、稳健性检验

（一）反向贸易流的反事实检验

中国"入世"后，直觉上较开放地区受到贸易自由化的冲击更大，冲击理应从较开放地区向其产品供应地辐射，而不是由较开放地区传导至其产品供应的下游。如果区域间双边贸易更多在行业内部进行，那么运用进、出口贸易流量份额构造的变量将存在很大的相关性，反之，若双边贸易集中在行业间开展，则两个变量的估计结果将有所不同。为进一步论证贸易冲击从较开放地区跨行业向外扩散的观点，以进口份额为权重构造新的反向 TDS 如下：

$$ReverseTDS_i^k = \sum_{n=1}^{N} \frac{X_{in}^k}{\sum_n X_{in}^k} RTC_n \qquad （3-13）$$

接下来，使用期初 TDS 和反向 TDS 对 2002—2007 年的就业人口和产值增长率进行联合回归，以分解两个变量对冲击的传导作用，结果如表 3.6 所示。

$$\Delta \log(L_i^k) = \beta_1 TDS_i^k + \beta_2 ReverseTDS_i^k + \lambda X_i^k + \varepsilon_i^k \qquad （3-14）$$

表 3.6 2002 年的 TDS_i^k 和反向贸易流的 TDS_i^k 对 2002—2007 年行业就业人口增长率和产值增长率的联合回归结果

变量	就业	行业产值
TDS_i^k	0.920** （0.438）	0.458** （0.170）
$ReverseTDS_i^k$	0.337 （0.549）	0.379** （0.173）
观测值	450	450
行业固定效应	√	√
区域固定效应	√	√
控制变量	√	√
R 平方	0.100	0.183

注：** 表示在 5% 的统计水平上显著，括号内为标准误。
资料来源：作者整理

回归结果中未观测到反向 TDS 与就业的相关性，正向 TDS 增加一单位可促进就业增长率提高 92%。正、反向 TDS 对行业产出都存在显著的拉动作用。在联合回归分析中，原始 TDS 的估计系数变动较小，即需求冲击主要通过贸易网络向上游扩散至产品的供给地。实证结果符合直觉推断，例如北京在雾霾天加大对口罩的需求，则上游生产口罩的企业可通过雾霾这一外生冲击增加产量并招聘更多员工。

（二）构建新的 TDS

为检验本章核心变量 TDS 构造方式的有效性，笔者决定选用不同的基础变量及权重构造 NewTDS，用新变量对行业就业人口和产值增长率进行回归分析。

首先，构建区域关税指标 $NewRTC_i$：

$$NewRTC_i = -\sum_k \beta_{ik} d\ln(1 + \tau_k) \qquad (3-15)$$

$NewRTC_i$ 代表 i 省份的区域关税变化，β_{ik} 的计算方式不变，但考虑劳动力要素成本以行业产值为权重，即 λ_{ik} 表示 i 省份的行业产值份额，再根据公式构造 $NewTDS$，回归方程如下：

$$\Delta \log(L_i^k) = \beta_1 NewTDS_i^k + \lambda X_i^k + \varepsilon_i^k \qquad (3-16)$$

如表 3.7 所示，回归结果与基准回归结果基本一致，结论保持稳健。

表 3.7　2002 年的 $NewTDS_i^k$ 对 2002—2007 年行业
就业人口增长率和产值增长率的回归结果

变　量	就　业	行业产值
$NewTDS_i^k$	0.424*（0.216）	0.534***（0.134）
观测值	450	450
行业固定效应	√	√
区域固定效应	√	√
控制变量	√	√
R 平方	0.259	0.176

注：*、*** 分别表示在 10% 和 1% 的统计水平上显著，括号内为标准误。
资料来源：作者整理

五、反事实分析

2018 年，美国对华政策发生重大变化，特朗普政府发布了三份对我国加征关税的清单，如表 3.8 所示。清单以 HS8 位编码的形式公布，将其匹配至投入产出表行业分类，算得 2018 年 7 月至 2019 年 12 月 15 个分行业的关税增加值，基于 2017 年的数据构造 RTC 和 *TDS*。行业关税如表 3.9 所示，加征关税的行业中位数和平均值是"入世"后削减值的两倍，从上升幅度最小行业的关税加征值可知，我国被限制出口的行业范围之广。

表 3.8   2018 年美国对华加征关税详情

清单	宣布时间	加征幅度	正式实施时间
第一份	2018.04.03	25%	未实施
	2018.06.15	25%	2018.07.06
	2018.08.07	25%	2018.08.23
第二份	2018.09.17	10%	2018.09.24
	2019.05.09	25%	2019.05.10
第三份	2019.05.13	25%	未实施
	2019.08.15	10%	2019.09.01 2019.12.15
	2019.08.24	30%；15%	2019.09.01

资料来源：作者整理

表 3.9   2001—2017 年及中美贸易摩擦期间行业关税变化

	行业关税变化（%）	
	2001—2017 年	2018—2019 年
最大值	−12.9	20.99
最小值	−0.46	8.93
中位数	−5.8	12.76
平均值	−6.17	14.32

资料来源：作者整理

中美两国贸易摩擦期间行业关税涨幅较大的行业有交通运输设备制造、石油加工炼焦及核燃料加工、通信设备制造、电气机械器材制造和仪器仪表制造等5个行业，行业关税涨幅均高于10%。总体来看，中美贸易摩擦不到两年的时间内，制造业行业关税涨幅超过了2001—2017年的累计降幅，"入世"后来之不易的关税削减成果不存。

图3.5展示了2018—2019年中美贸易摩擦期间我国各省份的TDS绝对值均值，冲击区域差异较大，各GDP大省的支柱行业产品多在两国贸易摩擦中被加征较高关税，其中，广东的电子设备制造业、江苏发展迅猛的通信设备和通专用设备制造业更是美国主要针对和遏制我国发展的战略性行业。图3.6分别为各时间段内的行业TDS均值。

基准回归验证了2002—2007年、2007—2012年TDS与就业人口、产值的正相关关系，分别引入$TDS_i^k 2002$、$TDS_i^k 2007$的回归系数对2018—2019年进行反事实检验，表3.10展示了2018—2019年中美贸易摩擦期间各地各行业

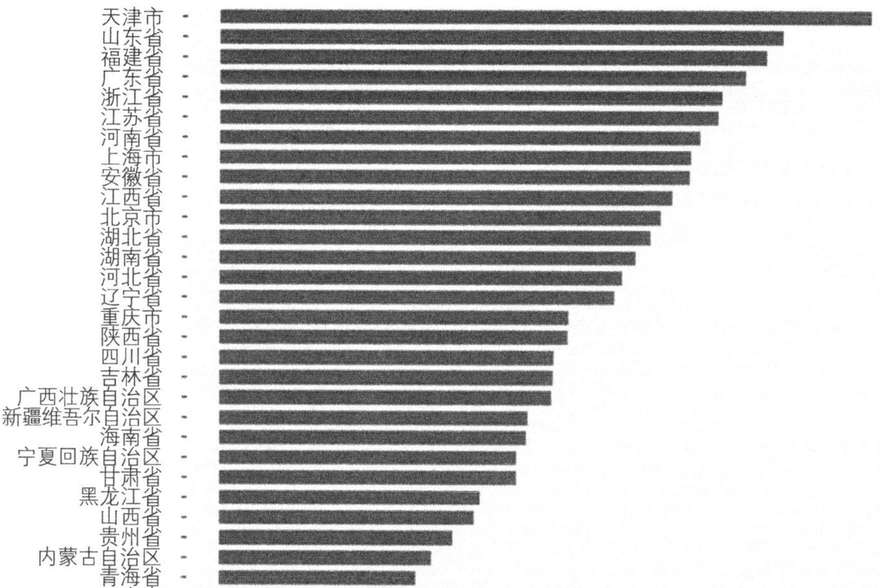

图3.5 2018—2019年区域贸易需求冲击

资料来源：作者整理

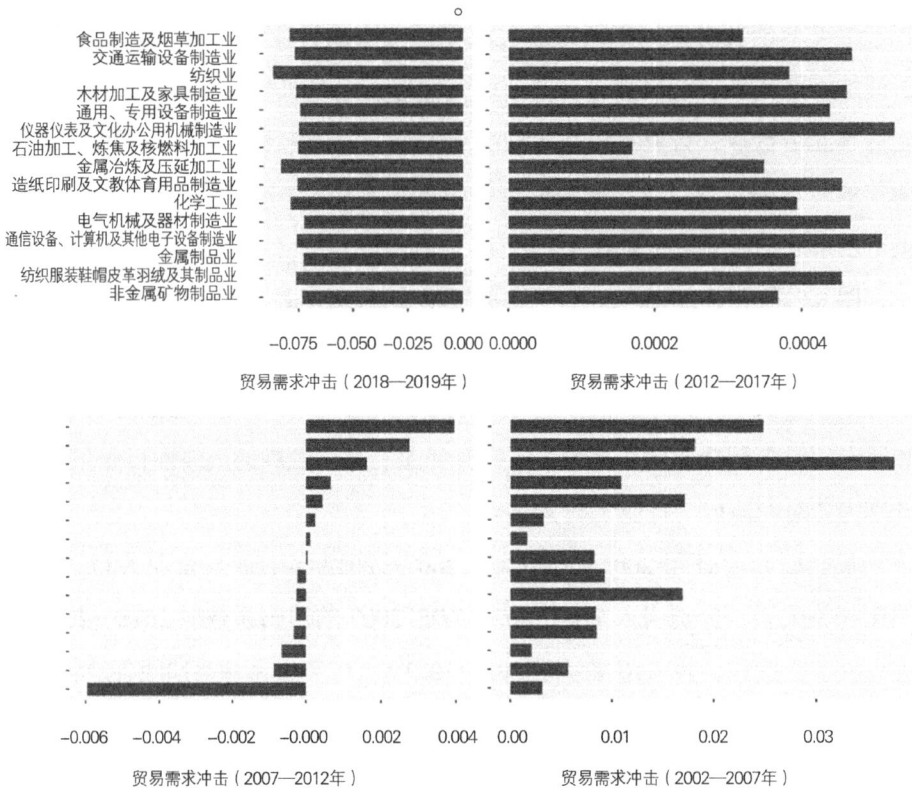

食品制造及烟草加工业
交通运输设备制造业
纺织业
木材加工及家具制造业
通用、专用设备制造业
仪器仪表及文化办公用机械制造业
石油加工、炼焦及核燃料加工业
金属冶炼及压延加工业
造纸印刷及文教体育用品制造业
化学工业
电气机械及器材制造业
通信设备、计算机及其他电子设备制造业
金属制品业
纺织服装鞋帽皮革羽绒及其制品业
非金属矿物制品业

贸易需求冲击（2018—2019年）　　贸易需求冲击（2012—2017年）

贸易需求冲击（2007—2012年）　　贸易需求冲击（2002—2007年）

图3.6　2018—2019年、2012—2017年、2007—2012年、2002—2007年行业贸易需求冲击均值

资料来源：作者整理

表3.10　2018—2019年就业损失和产值损失的反事实检验结果

		就业损失（%）		产值损失（%）	
		2002—2007年系数（1）	2007—2012年系数（2）	2002—2007年系数（3）	2007—2012年系数（4）
（1）区域	最大值	−2.31	−0.86	−2.57	−0.39
	最小值	−0.64	−0.24	−0.71	−0.11
	中位数	−1.32	−0.49	−1.46	−0.22
（2）行业	最大值	−1.54	−0.57	−1.71	−0.26
	最小值	−1.28	−0.48	−1.42	−0.22
	中位数	−1.34	−0.50	−1.49	−0.23
—	均值	−1.36	−0.50	−1.51	−0.23

资料来源：作者整理

普遍遭受负面冲击且区域异质性远大于行业异质性的现象，列（1）和列（2）为模拟得出的就业冲击，列（3）和列（4）为相应的产值冲击。区域间贸易为外在冲击有效的传导机制，关注区域贸易的渠道和行业上下游联系，合理配置资源，进一步探讨如何最大化发挥国内循环各个环节作用以应对外在冲击意义重大。

六、结论与启示

本章考察了中国"入世"后经区域间贸易传导的需求冲击对就业和产值变动的影响，为研究外需变化在我国区域间的传导提供经验证据。研究的主要结论包括以下三点。（1）冲击对就业和产值变动的影响经区域贸易渠道从产品的需求地向供给地扩散，扩散作用集中在"入世"后的前五年（2002—2007 年），第二个五年（2007—2012 年）传导作用变弱，而 2012—2017 年只存在产值拉动效应。（2）TDS 只对低、中等技术水平行业存在拉动作用。（3）贸易渠道对就业冲击的扩散具有异质性，与异质性行业相较同质性行业的扩散效应更强，非耐用品行业相较耐用品行业受到的影响更大。（4）中美贸易摩擦期间各地就业和产值损失较大，存在较大区域差异，有别于"入世"后 TDS 的拉动作用主要集中在中、低等技术水平行业的现象，高技术水平的战略性行业受到更显著的负面冲击。

如今逆全球化势力抬头，我国面临变幻莫测的国际贸易环境，本章的结论具有很强的现实意义。发展开放型经济，构建以国内大循环为主体、国内国际双循环相互促进的新发展格局是《中华人民共和国国民经济和社会发展第十四个五年规划和 2035 年远景目标纲要》的重要内容，本研究论证了坚持改革开放对就业和产值具有拉动作用，且下游冲击可带动上游行业发展的观点，也关注在中美贸易摩擦期间我国制造业受到的负面冲击，分析了贸易保护主义的弊端，为连接国际国内两个循环体系提供了经验数据论证。

统一市场建设与风险共担

文章的结论指出，利用具有区域比较优势的行业和相应的贸易方向，是那些高度参与全球价值链和国际分工体系的国家在不确定环境下寻求发展的重要策略。通过内部化国外市场的有限利好，联动国际与国内两大贸易渠道，这些国家能够抓住国际市场的机遇并应对挑战，从而实现趋利避害。当前是我国向全面建成社会主义现代化强国迈进的关键时期，在面临技术打压的国际环境下，发展先进制造业、进行制造业创新迫在眉睫。

第四章

不确定性冲击和金融市场传导

伴随着近年来中美贸易摩擦频繁，贸易政策不确定性（TPU）急剧上升。本章研究了TPU对股票收益的影响。在实证分析中，我们利用双重差分法（DID），结合中国在2001年加入世界贸易组织带来的关税政策不确定性变化所导致的准自然实验发现，面临更高关税不确定性的行业会获得更高的收益率，年超额收益达到5.47%。进一步研究发现，开放程度更高和运输成本更低的行业资产存在风险溢出。同时，研究发现风险溢价可通过投入产出链从上游行业向下游行业传导，关注上游行业风险是企业风险管理至关重要的一环。

一、引言

2001 年中国加入贸易政策不确定性世界贸易组织（WTO）后，对外贸易环境逐渐改善。但在过去的几年中，中美贸易摩擦不断升级，2017 年特朗普政府退出跨太平洋伙伴关系协定，威胁退出北美自由贸易协定，并对欧洲大量产品加征关税，这些外部冲击加大了贸易政策不确定性（TPU），使关于 TPU 的讨论成为学术和政策研究的焦点。良好的贸易环境对我国经济发展起到的作用尤为关键，伴随中美贸易关系恶化的 TPU 势必会对国内企业的发展产生不容忽视的影响。

回顾中国加入 WTO 之前的中美贸易关系，1990 年以前，美国参照对待 WTO 成员方的正常贸易关系（后称 NTR）关税标准从中国进口产品，1990 年后美国国会每年就是否停止给予中国 NTR 关税进行年度审议，若审议通过则美对华进口参照非市场经济体（Pierce & Schott，2016），即执行 1930 年斯姆特 – 霍利关税法中规定的高水平关税（Bianconi et al.，2021）。在美国对是否取消给予中国 NTR 待遇进行年度审议期间，中国对美国出口仍参照 NTR 关税执行。这一关税政策不确定性一直延续到中国加入 WTO，美国停止年度审议并给予中国永久正常贸易关系（PNTR），中美间 TPU 随之消失了很长一段时间。两国和谐互利的友好贸易关系终止于 2018 年特朗普政府发布加征关税清单，此后双方关系僵持不下并陷入无休止的制裁与反击。大量研究或关注 TPU 的宏观经济影响（Caldara et al.，2020；Pierce & Schott，2016；Alessandria et al.，2019），或从微观角度观察 TPU 对企业投融资、规模扩张、产量的影响（Hanley & Limao，2017；Feng et al.，2017；邵帅，2015；徐政，2021），较少有学者关注企业资产价格在其中的变化。为丰富这部分研究，本章主要关注资产价格，探索其在贸易政策不确定性中的表现，徐政（2021）和 Bianconi et al.（2021）的研究在方法和思路上给了本章极大的启发。徐政等人使用倍差法分析了实地调研得到的企业样本数据，发现中美贸易摩擦期间，处于加征清单上的企业产量提升更明显，企业对关税政策的预期较关税政策的实际内容更能影响被加征关税的出口企业的行为。同样，Bianconi et al. 运用倍差法观察了 1990—2001 年关税政策波动大时上市公司的资产收益，认为期望收益和风险溢出让 TPU 暴露程度高的股票表现更好。2018 年以来，美国政坛滋生的不确定性频生这一事实极大地影响着全球经济，我国不可避免地受到其不友善的对华政策的冲击，金融市场不可避免，不确定性中资产价格的变动对我国宏观经济发展和金融市场稳定的重要性不言而喻。由于中美两国贸易摩擦期间关税加征与反制清单的制定受到政治诉求、经济发展态势以及国际环境等多重因素影响，存在因果识别内生性问题，无法将行业关税不确定性归因于系统性风险。更为重要的是，2018 年以来集中且频繁的关税冲击带来的贸易政策不确定性难以被精确衡量，更适合运用事件研究方法来分析关税实际变动对企业收益的影响，如 Huang et al.（2018）关注窗口期内关税冲击对中美两国上市企业收益的影响。本章则利用可能存在的关税冲击作为不确定性的代理变量，重点研究存在不确定性这一预期对企业收益的影响，故本章选取我国加入 WTO 前的 TPU 阶段作为研究观察期。

1990 年后的中美贸易政策波动导致我国各行业面临不同程度的关税加征风险，这为捕捉政策不确定性的潜在影响提供了直接测度。本章利用中国加入 WTO 后获取 PNTR 为准自然实验，结合 DID 方法识别 TPU 对我国上市公司股票收益的影响，尤其是，本章验证了 TPU 是否会带来风险溢价。为确定 TPU 对股票收益率的影响，我们利用"正常贸易关系关税差额"（$NTRGap$）[①]来刻画行业和企业面临的 TPU。$NTRGap$ 反映了中国加入 WTO 前若美国国会

---

① 由 1930 年设定的斯姆特 – 霍利关税法中的 NonNTR 关税和 NTR 关税的差值给定，美国对非市场经济体国家使用 NonNTR 关税。

通过取消对中国实施 NTR 关税的决议,则我国面临的出口美国关税与最惠国待遇关税的差值,决议成功通过后我国出口美国的平均关税将从 4% 上升到 31%(Handley and Limao,2017),虽然 2001 年前美国国会每年的决议没能通过,但年度会议召开之前关税可能上升的风险极大地影响了企业行为和投资者决策。加入 WTO 前面临更高出口关税的行业在 2001 年后会经历相对更大幅度的 *NTRGap* 减少,通过观察这部分行业和 *NTRGap* 减少幅度相对小(即 TPU 下降更少)的行业在 TPU 时期的不同表现,可以分析 TPU 下降程度对企业资产价格的作用效果。基于 *NTRGap* 刻画的具有行业异质性的 TPU,我们运用 DID 分析法观察 2001 年前后不同行业面临的风险暴露程度和月度资产价格的关系发现:一是在贸易政策不确定时期,高 *NTRGap* 的行业相对低 *NTRGap* 行业的资产收益率更高,且风险暴露程度越高的行业每年额外要求 5.47% 的风险补偿,即风险暴露程度越高的行业风险溢出更高;二是风险溢出收益可从投入产出联系的行业上游向下游扩散,结论在一系列稳健性检验下依然成立。

贸易政策不确定性和风险溢出的关系在于,差异化的 *NTRGap* 值意味着各行业面临不同程度的政策风险,投资者要求就不确定性获得赔偿,故高 *NTRGap* 行业的风险溢出更高,这一观点与 Pastor 和 Veronesi(2013)基于贝叶斯模型研究异质的政策风险对资产定价的影响时政策不确定性和资产风险溢出存在正相关关系的发现一致。而风险溢出从上游转移至下游的可能性可解释为,出口关税可能增加这一未知风险加剧了国内可贸易部门上游行业的竞争,下游行业受益于此。

二、文献综述

国内外学者就 TPU 对企业的影响开展了广泛的学术研究。部分学者从影响企业进出口贸易的角度进行探索,认为 TPU 和企业进出口规模呈负相关关系,即 TPU 上升抑制企业的规模扩张(Hanley & Limao,2017)。有学者基于对企业资金来源的观察，发现贸易政策稳定可促进企业同时面向国内金融市场和国际金融市场进行融资，有利于拓宽企业的融资渠道并缓解融资约束（邵帅，2015）。还有不少学者研究 TPU 对投资和就业的影响（Pierce & Schott，2016），但较少关注资产价格在其中的变化。现有研究尚未就不确定性对企业的影响达成一致观点，有学者认为政策不确定性有助于促进企业投资增长、激励企业研发投资（李敬子和刘月，2019）以及为股市资产定价带来风险溢价（林建浩等，2014），也有学者持不确定性抑制企业投资和对外直接投资（李真和刘永清，2021）、降低出口（钱学锋和龚联梅，2017）、抑制企业生存（郭晶和周玲丽，2019）的观点。

证券市场为金融资产提供定价功能，资产价格反映市场信息和系统性金融风险，宏观经济政策变动通过证券市场作用于股票价格，并表现为股票市场收益率的波动。波动作为股票的常态特征，通常由市场主体行为带来的市场内部风险因素和对市场产生风险的外部风险因素引起（方先明和冯翔宇，2021），近年来，宏观经济对股市波动的影响受到学术界的广泛关注。众多学者从经济增长（梁琪和腾建州，2005）、货币政策（吕江林，2005）、市场流动性（彭小林，2012）和国际资金流动（杨海珍等，2015）等角度观察了宏观经济因素对股市的影响。大量关注经济政策不确定性（EPU）影响股市的研究认为，EPU 主要通过改变现金流和投资者期望两个渠道影响股市（Chiang，2019）。现有文献多赞同不确定性增大对投资决策存在负面影响、降低期望收益和资产价格的观点（Chiang，2019），但恶化的市场预期会促使交易员抛售股票，故持有股票的投资者针对不确定性要求风险补偿（Brogaard & Detzel，2015），表现为风险溢出效应。在 Pastor 和 Veronesi（2012）的模型框架下，政府政策进入随机贴现因子，在理论上证明了投资者因政策不确定性风险要求额外补偿机制的存在。林建浩等人（2014）通过时序分析支持不确定性给股票资产价格带来风险溢价的观点。Chen 和 Chiang（2020）的研究在区分了下限风险和政策不确定性影响的情况下进一步验证了不确定性带来风险溢价的理论。综上，部分学者认为政策不确定性主要给股市带来负面影响，但有部分学者认为，伴随不确定性敞口存在的风险溢价对股票收益率产生了正向促进作用。

以上研究大多引用 Baker et al.（2016）公布的 EPU 值（EPUBaker）解释 EPU 对股票收益的影响。EPUBaker 与股市风险和股票收益高度相关，进而对经济周期产生影响（Baker et al.，2016）。但仅考虑 EPUBaker 作为解释变量的回归模型很难识别或分解影响股票收益率的具体因素，为进一步探究不同类型 EPU 对股票收益率的影响，Davis et al.（2016）构造了财政政策不确定性、货币政策不确定性和 TPU 等细分指标供学者们研究使用。关税是探究 TPU 对股票收益率的影响时不可忽略的变量，关税变动作为贸易政策调整的重要组成部分，极大影响企业的商业价值、市场竞争力和投资决策，Huang et al.（2018）通过研究中美贸易摩擦期间两国的股市表现，发现关税变动给股票收益率带来具有行业异质性的影响。Marcelo et al.（2021）则基于关税构造的 TPU 指标研究美国制造业 1990—2001 年的股票收益率，发现行业 TPU 风险敞口越大股票收益率越高。上述研究确认了关税对企业财务指标和资产价格的影响，同时证明使用关税作为贸易政策的代理变量不仅可以有效解释股票收益率的行业差异，还能突破基于新闻关键词构建的贸易政策不确定性缺乏行业分类的局限。

与已有研究相比，本章的贡献主要在于：本章以我国加入 WTO 后以永久性正常贸易关系（PNTR）关税向美国出口这一事件为外生政策冲击，采用多期 DID 法识别冲击影响，并运用双重差分倾向得分匹配模型（PSM–DID）进行稳健性检验，研究结论可靠。本章有助于从风险溢价的角度理解企业资产价格变动的逻辑，当企业面临较大外部政策不确定性时，投资者就此要求风险补偿，本章结论可为金融市场各主体的决策提供依据，也能为金融市场的资产定价提供参考。此外，本章进一步研究了投入产出联系对行业风险的传导作用，为各金融主体分析问题和进行风险管理提供重要依据。

本章其余部分安排如下：第三部分介绍了 TPU 影响资产价格的模型设定与数据来源，第四部分运用 DID 方法研究了 *NTRGap* 和行业资产价格的关系，引入三因子模型、双重排序法并考虑预期现金流效应验证基准回归的结论，结合投入产出数据研究风险溢价的行业间传导，第五部分进行了 PSM–DID 检验、平行趋势检验、两期倍差法检验、安慰剂检验等一系列稳健性检验，第六部分为结论与政策建议。

三、研究设计

（一）样本选择与数据

本章使用截至 1997 年 1 月成功上市的 271 家上市公司作为研究样本，样本区间为 1997—2006 年，主要数据来自 RESSET 数据库。本章对原数据进行了以下处理：（1）剔除主要变量缺失的样本；（2）按照《国民经济行业分类》标准将上市公司数据匹配至行业层面，以上市公司当月市值为权重构造月度行业数据，降低小企业表现对估计结果的影响，此处构造方式与后续投资组合的因子分析保持一致。经过以上处理，得到由可贸易部门 29 个行业 3402 个观测值组成的不平衡面板数据。

（二）变量说明与模型设定

1. 被解释变量与解释变量

被解释变量为行业资产月收益率，解释变量为 TPU。

为衡量不同行业在 TPU 中的暴露程度，借鉴 Pierce、Schott（2016）和毛其淋（2020）的研究构造 TPU 的代理变量，变量由两种贸易关系的行业关税差给定[①]：

---

① Feenstra（2002）等人提供了 1997—2001 年美国海关 8 位 HS 编码水平的 $NonNTR_i$ 和 NTR_i^f 值，匹配该海关编码至《国际行业分类标准》（ISIC），最后匹配至证监会大类分级参照的《国民经济行业分类》以得到本文使用的行业关税差。

$$NTRGap_i^y = NonNTR_i - NTR_i^y \qquad (4\text{-}1)$$

式（4-1）中，$NTRGap_i^y$ 代表风险暴露程度，i 代表行业，y 代表年份。

图 4.1 展示了 1990—2001 年美国暂停每年自动给予中国 NTR 伙伴待遇以来，中国企业可能退回到的非正常贸易关系出口关税（$NonNTR$，左）以及面临的行业关税差（$NTRGap$，右）的密度分布情况。密度图清晰展示了 $NTRGap$ 显著的行业间差异，更重要的是随着时间推移，特别是 1996 年后，行业 $NTRGap$ 密度曲线整体右移，意味着更多行业面临较高关税差，这为本章提供了良好的研究环境。同时，$NTRGap$ 和 $NonNTR$ 高度相关，因此以 $NTRGap$ 来衡量 TPU 的识别机制是有效的，即可贸易行业 $NTRGap$ 的行业间差异主要来自 1930 年设定的 $NonNTR$ 水平而非 NTR 值，这一设定可避免模型产生严重的内生性问题[①]。1997—2006 年我国出口至美国（USA）和全球其他地区（ROW）的情况如图 4.2 所示，同时，图 4.3 展示了按面临 $NTRGap$ 高

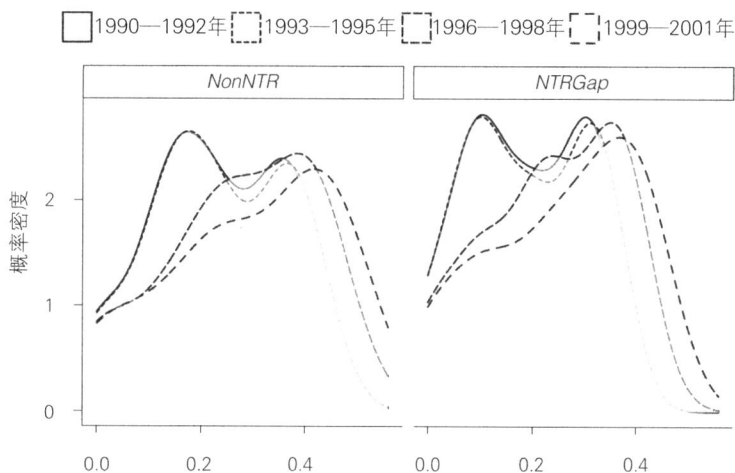

图 4.1 1990—2001 年可贸易行业面临的 *NonNTR* 和 *NTRGap* 密度分布图

资料来源：Pierce, J.R., Schott, P.K. . The Surprisingly Swift Decline of US Manufacturing Employment. American Economic Review，2016

---

① TPU_i^y 和 1930 年设立的《斯穆特－霍利法案》的 $NonNTR$ 关税相关性为 0.98，和正常贸易关系的 NTR 关税水平相关性仅为 0.53。

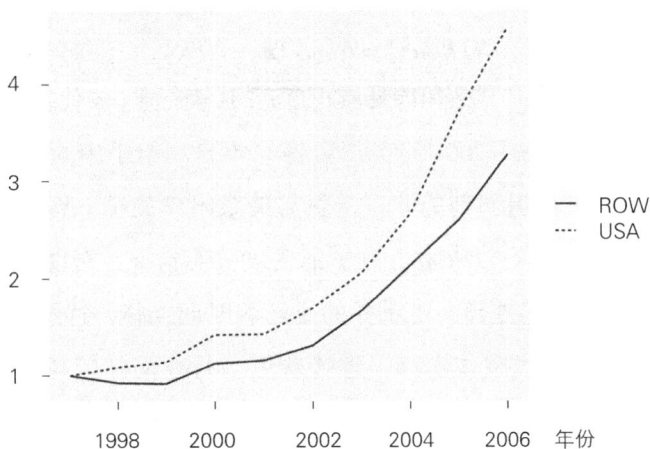

图 4.2　1997—2006 年我国出口至美国（USA）/ROW 的情况（1997 年 = 1）
资料来源：世界银行贸易数据

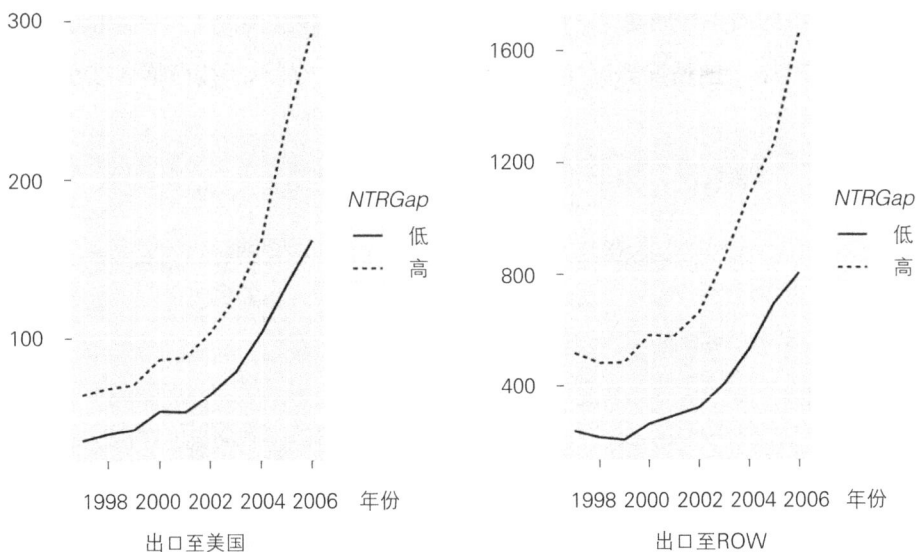

图 4.3　1997—2006 年面临不同 *NTRGap* 的行业出口至美国（USA）/ROW 的情况
资料来源：世界银行贸易数据

低分组的出口贸易额，都说明两者的增长趋势和速度相似，以出口美国的可能性关税风险来衡量我国企业面临的出口风险具有合理性。

2. 控制变量

参考 Fama、French（1995）和 Marcelo et al.（2021）的研究，本章选取市

盈率、市净率、净资产收益率、每股营业收入、资本回报率、产权比率、流动比率和企业价值倍数作为控制变量，结合实际对时间固定效应和行业固定效应进行了选择性控制。

3. 数据描述

以本章 TPU 消失年份 2001 年为节点，将研究样本分为两个阶段进行描述性统计。一方面，从各个维度对比来看，TPU 时期的股票收益高于 TPU 消失后；另一方面，除市盈率外，各个控制变量在 TPU 时期的波动区间更大，各行业的表现更不稳定。

表 4.1　描述性统计信息

变量	1997—2001 年			2002—2006 年		
	最小值	均值	最大值	最小值	均值	最大值
股票收益	−0.2216	0.0329	1.0188	−0.3811	0.0100	0.6521
NTRGap	0	0.267	0.46			
市盈率	−793.0200	65.0900	1031.7100	−3865.1200	63.0800	1285.3000
市净率	1.7900	5.8200	101.3730	0.9906	3.9647	22.2098
净资产收益率	−311.9350	7.2370	50.3710	−202.0800	2.7140	29.2230
每股营业收入	0.1900	2.7630	30.3620	0.0200	3.7750	46.8530
资本回报率	−8.8730	8.0950	21.7510	−1.9440	6.8470	23.7850
产权比率	19.7200	131.5600	1596.1000	31.5800	177.9900	1586.9000
流动比率	0.6133	2.2836	22.1197	0.6176	1.6494	4.9535
企业价值倍数	−51.2000	368.1100	17525.7100	−16.8100	249.1600	3470.4300

资料来源：作者整理

4. 模型设定

本章参照毛其淋（2020）的处理方法，使用连续分组代替中位数分组的方式设定 *NTRGap* 为连续变量。本章主要关注参数 β 的估计量，它说明了面

临不同程度 $NTRGap$ 的行业资产价格在中国加入 WTO 前后的平均差别，可识别 $NTRGap$ 显著下降对行业资产收益率的影响。如果参数 β 的估计值大于 0，说明不确定性时期 $NTRGap$ 越大行业资产收益率越高，即存在风险敞口，有利于提高行业资产价格。

本章以我国加入 WTO 后以 PNTR 关税出口美国这一贸易政策变化为准自然实验，采用 DID 机制来识别 TPU 对资产股票收益率的影响，建立 DID 模型如下：

$$r_i^t = \alpha + \beta\, NTRGap_i^{1997} \times dummy^y + \gamma\, X_i^{t-1} + \delta^t + \theta_i + \varepsilon_{it} \qquad (4\text{--}2)$$

其中，i 代表行业资产组合，t 表示月份，y 表示年份。

式（4-2）左边为 1997—2006 年 i 行业 t 月的资产收益率，等式右边第二项为 1997 年 i 行业面临的行业关税差和定义是否面临 TPU 的时间虚拟变量组成的交叉项，当 $y \leqslant 2001$ 时，$dummy$ 取 1，当 $y>2001$ 时，$dummy$ 取 0，本章对时间虚拟变量的处理有别于双重差分法一般设定的原因在于，本章意在观察贸易政策不确定性时期股票收益率的表现，且 2001 年我国"入世"标志着政策不确定性的终结，而非传统设定中政策冲击的开始时点。X_i^{t-1} 为可能影响企业收益的其他控制变量，控制变量滞后一期同样可避免部分内生性问题，δ^t 代表月度时间固定效应，θ_i 为行业固定效应，ε_{it} 为随机扰动项。观察 2001 年前高 $NTRGap$ 行业资产组合的收益率和低 $NTRGap$ 行业的差值，此为模型的第一重差分，关税不确定时期（1997—2001 年）和关税确定时期（2002—2006 年）的行业收益率差异为模型的第二重差分。

四、实证结果与分析

（一）基准回归

$NTRGap$ 对行业资产价格的基准回归结果如表 4.2 列（1）所示，结果显示交叉项的系数显著为正，说明与对照组（$NTRGap$ 相对低的行业）相比，高

表 4.2 TPU 和股票收益率

变量	r_i^t				
	（1）	（2）	（3）	（4）	（5）
$NTRGap_i^{1997} \times dummy^y$	0578** （0.0271）	—	—	—	—
$NTRGap_i^{y-1} \times dummy^y$	—	0.0404*** （0.0148）	0.0299** （0.0141）	0.0392** （0.0191）	0.0475** （0.0232）
$NTRGap_i^{1997}$	—	0.0044 （0.0120）	−0.0049 （0.0120）	—	—
市盈率	—	—	−0.0000 （0.0000）	—	−0.0000 （0.0000）
市净率	—	—	0.0000 （0.0004）	—	−0.0005* （0.0003）
净资产收益率	—	—	−0.0005*** （0.0002）	—	−0.0005*** （0.0001）
每股营业收入	—	—	0.0028*** （0.0006）	—	0.0023*** （0.0004）
资本回报率	—	—	0.0012** （0.0006）	—	0.0020*** （0.0005）
产权比率	—	—	−0.0000 （0.0000）	—	−0.0000 （0.0000）
流动比率	—	—	0.0027*** （0.0008）	—	0.0014** （0.0006）
企业价值倍数	—	—	0.000 （0.758）	—	0.0000** （0.0000）
观测值	3402	3402	3402	3402	3402
行业固定效应	√	—	—	√	√
时间固定效应	√	√	√	√	√
控制变量	√	—	√	—	√
R^2	0.5933	0.5704	0.5870	0.5845	0.5932

注：*、**、***分别表示通过 10%、5%、1% 的显著性检验，括号内为稳健性标准误。

资料来源：作者整理

NTRGap 的行业 1997—2001 年资产月收益率更高，即 TPU 有利于提高行业的资产收益率。

本章认为，投资者因中国加入 WTO 之前面临 TPU 这一系统性风险要求额外的风险补偿，进而导致出现了高 NTRGap 行业风险溢价更高的现象。为对此进行验证，后文先使用随时间变化的 NTRGap 进一步验证基准回归的结论，并引入资产定价模型，以 NTRGap 为分组变量，通过测度组间超额收益的区别来印证 TPU 带来风险溢价的观点。此外，为了排除基准回归结果可能由贸易壁垒和贸易保护解释的可能性，本章以行业出口实际面临的 NTR 水平关税和行业运输成本进行双重排序分析来进行验证。

（二）使用时间序列 NTRGap 变量的拓展分析

为避免前瞻性偏误以及使用不随时间变化的政策冲击所带来的估计偏差，达到更准确地观察股票收益率在不确定时期表现的目的，本章进一步使用区别于广义双重模型的时间序列的 NTRGap 数据进行回归分析，这一设定也暗含了投资者根据上一年的 NTRGap 来估计行业风险敞口的假设。滞后一期的 NTRGap 能消除如当期 NTR 关税被股市影响等互为因果的内生性问题。回归方程设定如下：

$$r_i^t = \alpha + \beta NTRGap_i^{\gamma-1} \times dummy^\gamma + \gamma X_i^{t-1} + \delta^t + \theta_i + \varepsilon_{it} \qquad （4-3）$$

式（4-3）区别于基准回归的设定在于，等式右边交叉项的第一项为刻画上一年 i 行业面临的政策不确定性大小的行业关税差。图 4.4 中数据由根据 NTRGap 三分位值进行分组的行业数据加总得来，行业面临的以 NTRGap 衡量的 TPU 在 2001 年之后消失，股票收益率呈现明显的因 NTRGap 水平而异的特征，并在贸易政策不确定性消除年份后接近于零。

式（4-3）的回归结果如表 4.2 所示。列（2）仅考虑核心解释变量和 1990 年的 NTRGap，交叉项的系数显著为正，且系数大小与运用 1997 年固定 NTRGap 值进行回归分析的结果相差无几，由此可见结论不会随着 NTRGap 是

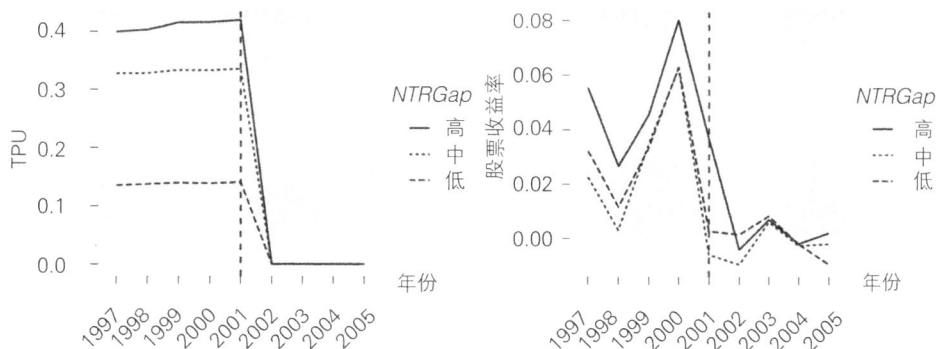

图4.4 高、中、低 *NTRGap* 组的 TPU（图左）和股票收益率（图右）
资料来源：作者整理

不是时间序列形式而改变，具有稳健性。列（3）在列（2）的基础上控制了市盈率、市净率、净资产收益率、每股营业收入、资本回报率、产权比率、流动比率和企业价值倍数等财务数据，列（4）考虑核心解释变量和行业、时间固定效应，列（5）进一步添加财务数据作为控制变量，其中，资本回报率和流动比率分别衡量投资效果和变现偿债能力，前者越高，则下一期涌入的投资额越多，两者显著促进股票收益率上升，而净资产收益率往往和负债呈正相关关系，该指标显著降低了股票收益率。本章在排除控制变量影响的情况下，验证了 TPU 对资产价格有正向影响。

（三）关税不确定性的风险溢出——行业资产组合分析

本章的基准回归分析得出了 1997—2001 年关税不确定性与股票收益率正相关的结论，Pastor 和 Veronesi（2012，2013）进行了理论研究，发现政策不确定性将影响股票的资产价格，据此，本章引入 Fama–French 三因子模型，进一步验证高不确定性行业更高的收益率是由于其在 TPU 中暴露程度更高导致的。2015 年 Fama 和 French 基于三因子模型提出改进的五因子模型来解释美国股市的表现，但经我国学者论证，三因子模型与我国市场发展水平和整体投资理念更加契合（赵胜民等，2016），故本章选用三因子模型来剔除与

TPU 无关的资产收益率，即在消除市盈率、市值和账面市值比三个影响因素的情况下，验证截面收益率差距是由有差别的 TPU 风险暴露程度引起的观点。

本章首先用 1997 年行业 $NTRGap$ 的中位数将行业分为高关税差和低关税差两组，然后以企业的月度市值为权重构建两个资产组合，算出其 1997—2001 年的加权月收益，再以两个组合的月收益差额为 TPU 资产组合，对上述三个资产组合进行回归分析，方程如下：

$$r_p^t = \alpha_p + \beta' F^t + \varepsilon_t \qquad (4\text{-}4)$$

r_p^t 为资产组合 p 在 t 期的月收益，α_p 为组合 p 的超额收益，重点关注 α_p 的估计值，F^t 为 Fama 和 French（1993）资产定价模型中的三因子。本章猜想在关税政策不确定性中暴露风险更高的行业的投资者要求更高的收益，因此期待高 $NTRGap$ 组的组合收益率高于低 $NTRGap$ 组，且 TPU 组合的超额收益显著为正。

表 4.3 展示了 1997—2001 年和 2002—2006 年的低 $NTRGap$、高 $NTRGap$ 以及 TPU 组合的回归结果，结果符合期待。首先，通过对比列（1）至列（4）每组 α_p 值的估计值可知，存在不确定性时期的股票超额收益更高。其次，观察列（5）和列（6），只有 2001 年前的行业资产存在超额收益，1997—2001 年的额外收益估计值为 0.0046，即高关税差组合的年收益率高于低关税差组合 5.472%，这一结论说明关税政策不确定性是无法消除的系统性风险。

表 4.3　资产组合的超额收益分析

变量	r_i^t					
	低 $NTRGap$		高 $NTRGap$		TPU	
	（1）	（2）	（3）	（4）	（5）	（6）
Market	0.9843***	0.7495***	1.1164***	0.8613***	0.0060**	0.0559***
	（0.0390）	（0.0189）	（0.0446）	（0.0207）	（0.0248）	（0.0067）
Size	0.2071**	−0.1294***	0.1033	0.1472***	−0.0519	0.1383***
	（0.0822）	（0.0287）	（0.0941）	（0.0315）	（0.0524）	（0.0102）

续表

变量	r_i^t					
	低 *NTRGap*		高 *NTRGap*		TPU	
	（1）	（2）	（3）	（4）	（5）	（6）
Value	0.3784*** （0.0992）	0.1025*** （0.0376）	0.1513 （0.1135）	−0.0747* （0.0412）	−0.1135* （0.0632）	−0.0886*** （0.0133）
α_p	0112*** （0.0031）	0.0089*** （0.0014）	0.0203*** （0.0036）	0.0111*** （0.0015）	0.0046** （0.0020）	0.0007 （0.0005）
样本 期间	1997— 2001 年	2002— 2006 年	1997— 2001 年	2002— 2006 年	1997— 2001 年	2002— 2006 年
观测值	60	60	60	60	60	60
R^2	0.9242	0.7406	0.9286	0.7782	0.2393	0.4109

注：*、**、*** 分别表示在 10%、5% 和 1% 的统计水平上显著，括号内为标准误。

资料来源：作者整理

（四）双重排序分析

行业在 TPU 时期受到贸易保护促使其股票表现更好是本章基准回归结果的可能性解释，为排除这部分干扰，探索中国加入 WTO 这一重大事件给不同行业带来的全球化程度差异，本章使用衡量开放程度的行业 NTR 关税变量和行业运输成本变量[①] 进行双重排序分析。双重排序法主要用于评价两个因子的叠加效果是否优于单个因子，控制一个因子后观察另一个因子的分层表现可以直观展示因子带来的信息增益。此外，为解决每个时期样本可能不平衡的问题，本章采用条件双重排序法[②] 进行分析。

低 NTR 关税和低行业运输成本意味着更高的全球化程度和更激烈的行业

---

① 数据由 Barrot et al.（2019）根据进口商品的到岸价格和离岸价格的百分比差计算得来。

② 首先将 1997—2001 年的样本数据按照月度分组，每组先用 NTR 关税中位数将样本分成 LowNTR 和 HighNTR 两组，再分别用两组的 TPU 值中位数在 LowNTR 和 HighNTR 两组组内分组，得到 2×2 的 4 组等样本组合。然后分别用两组数据中高 TPU 组合和低 TPU 组合的市值加权组合收益率做差，得到 LowNTR 和 HighNTR 组合的 TPU 资产组合收益率，即 LowNTR-TPU 和 HighNTR-TPU。依照上述步骤处理每个月的数据，得到表 4.3 列（1）、列（2）回归所用的被解释变量序列。行业运输成本的条件双重排序与 NTR 组完全相似。

竞争，回归结果见表4.4，列（1）和列（3）的结果显示，这两组均存在正显著的超额收益，排除了基准回归结果可由开放程度低解释的可能性，进一步验证了TPU带来风险溢价的结论。

表4.4 基于NTR关税和行业运输成本的双重排序分析结果

变量	r_i^t			
	低 NTR–TPU（1）	高 NTR–TPU（2）	低运输成本 – TPU（3）	高运输成本 – TPU（4）
Market	−0.1213***（0.0139）	−0.0340***（0.0104）	0.1373**（0.0541）	−0.0279（0.0051）
Size	−0.1289***（0.0288）	−0.0052（0.0216）	−0.5560***（0.1142）	−0.1952（0.1351）
Value	−0.1377***（0.0372）	−0.0351（0.0279）	−0.0364（0.1377）	−0.1717（0.1630）
α_p	0058***（0.0020）	0.0010（0.0015）	0.0081*（0.0043）	0.0002（0.0051）
样本期间	1997—2001 年	1997—2001 年	1997—2001 年	1997—2001 年
观测值	60	60	60	60
R²	0.5913	0.1052	0.3634	0.0100

注：*、**、***分别表示在10%、5%和1%的统计水平上显著，括号内为标准误。
资料来源：作者整理

（五）预期现金流效应

在中国加入世贸组织前，与政策不确定性相关的政策新闻的发布，可能会影响企业的预期现金流并引起股价的相应变动。产生这一现象可能与美国国会是否恢复对中国的PNTR（永久正常贸易关系）关税水平的年度投票表决有关。特别是在高 *NTRGap* 行业，这种政策新闻可能是超额收益的合理来源。为了区分这些因素的干扰作用，本部分分析考虑了预期现金流的影响，以判断超额收益是由预期现金流的变化引起的，还是风险溢出的结果。

本部分基于企业层面的数据，计算企业1997—2001年和2002—2006年息税前利润（EBIT）增长率的差值，在基准回归中加入EBIT增长率差值和

NTRGap 作为交叉项。EBIT 增长率差值越小意味着该企业在政策不确定性消失后 EBIT 增长越慢，如果企业的超额收益主要受到预期现金流的影响，则该交叉项的系数应该显著为负。本章考虑在方程中引入 EBIT 的原因在于，该指标只衡量主营核心业务收益，是企业盈利能力、偿债能力以及为维持运营提供现金流能力的代表性指标，且 EBIT 对企业的资本结构和税务负担不敏感。

考虑预期现金流对股票收益影响的回归结果如表 4.5 所示，交叉项的系数接近于零且不显著，即预期现金流与高 *NTRGap* 行业股票存在风险溢出的表现没什么关系，印证了风险暴露会带来超额收益的观点。

表 4.5 EBIT 增长率和股票收益率

变量	r_i^t			
	（1）	（2）	（3）	（4）
$NTRGap_i^{y-1} \times dummy^y$	0201* （0.0104）	0.0166** （0.0071）	0.0184** （0.0072）	0.0126* （0.0071）
$NTRGap_i^{1997}$	—	−0.0155* （0.0082）	—	−0.0117 （0.0079）
EBIT 增长率差值 $\times NTRGap$	−0.0002 （0.0001）	−0.0001 （0.0001）	−0.0000 （0.0001）	−0.0000 （0.0001）
观测值	22521	22521	22521	22521
企业固定效应	√	—	√	—
时间固定效应	√	√	√	√
控制变量	—	—	√	√
R^2	0.3877	0.3890	0.3922	0.3947

注：*、** 分别表示在 10% 和 5% 的统计水平上显著，括号内为标准误。
资料来源：作者整理

（六）投入产出与行业资产组合收益率

有学者认为，投入产出联系对经济冲击有明显的渠道传导作用（Abeyshinghe & Forbes，2005；Boehm et al.，2019），Di-Giovanni 和 Hale（2021）基于 SAR 模型研究了美国货币政策对他国股市的影响，发现 80% 的影响由国际生产网络承载并传递。基于此，为进一步探究政策环境对股市影响的传导机制，本章匹配《国民经济行业分类》和投入产出表行业分类，考虑投入产出层面行业上下游间贸易联系对关税不确定性的传导作用。本部分基于各地区投入产出表考虑两类投入产出的联系。第一类分析考虑行业间的直接投入产出联系，第二类分析引入里昂惕夫逆矩阵，考察行业间所有直接或间接联系的加总对资产期望收益的影响。基于已有研究，下游风险暴露对上游行业的影响机制较为模糊（Huang et al.，2018），同时对美国行业的研究显示，只存在上游风险通过生产成本将冲击传导至下游行业，但下游风险和上游行业收益率不存在显著相关性的现象（Acemoglu，2016），故本章只考虑来自投入产出联系的上游风险暴露（Endoh，2019）。

借鉴 Acemoglu et al.（2016）的研究，构建 j 行业上游暴露风险表达式如下：

$$\theta_j^u = \sum_i \alpha_j^i Gap_i \tag{4-5}$$

式（4-5）中，α_j^i 为 j 行业所使用的来自 i 行业的中间投入占 j 行业总产出的比值，θ_j^u 衡量 j 行业的上游供应行业 $NTRGap$ 的加权平均，引入 θ_j^u 可考察中间投入来自高关税不确定性行业对本行业资产组合股票收益的影响。

θ_j^u 由直接消耗矩阵构造，只考虑了行业间直接的购买方和供给方，基于此，引入里昂惕夫逆矩阵，综合考虑行业间直接消耗和间接消耗的总影响。

计算里昂惕夫逆矩阵，基于 Acemoglu et al.（2016）的方法构造 j 行业的综合上游风险暴露指标：

$$\theta_j^{Lu} = \sum_i l_j^i Gap_i \tag{4-6}$$

式（4-6）中，l_j^i 为里昂惕夫逆矩阵第 j 列 i 行的元素。

本研究样本期间为 1997—2006 年，为避免每年行业间贸易联系的内生性问题，构造风险暴露程度指标的份额系数由样本期起点给定，即由 1997 年的地区投入产出表计算而得。联合回归方程如下：

$$r_i^t = \alpha + \beta NTRGap_i^{y-1} \times dummy^y + \beta_1 \theta_j^{k,\ y-1} + \gamma X_i^{t-1} + \delta^t + \theta_i + \varepsilon_{it} \tag{4-7}$$

式（4-7）中，$k \in (u,\ Lu)$，$dummy$ 在 $1997 \leqslant y \leqslant 2001$ 时取 1，否则取 0。如表 4.6 所示，列（1）和列（2）展示了从关税不确定性高的行业进口

的股票，存在显著的风险溢出效应。这说明 TPU 对股票收益有积极影响，可以通过生产链从上游行业传导到下游行业。考虑到上游行业可能影响下游行业的生产成本，本章的结论指出，生产成本的不确定性可以通过金融市场进行定价。

表 4.6 投入产出与 TPU

变量	r_i^t	
	（1）	（2）
$NTRGap_i^{y-1} \times dummy^y$	0.0386**（0.0157）	0.0463***（0.0164）
国内上游风险	0.1740***（0.0069）	—
国内上游风险（L）	—	0.0353***（0.0075）
观测值	1866	1866
行业固定效应	√	√
时间固定效应	√	√
控制变量	√	√
R^2	0.6215	0.6205

注：**、*** 分别表示在 5% 和 1% 的统计水平上显著，括号内为标准误。

资料来源：作者整理

五、稳健性检验

（一）PSM–DID 检验

为解决股票收益和 NTRGap 可能存在的潜在内生性，本部分拟采用 PSM–DID 法进行稳健性检验，讨论基准回归结论的可靠性。首先，基于 1990 年 NTRGap 中位数将样本分为高、低两组，然后选定基准回归中的控制变量为协变量，通过使用最邻近倾向得分匹配方法，在低 NTRGap 组中找到与高 NTRGap 组在协变量上差异最小的对照组。经过匹配损失了 1030 个样本，匹配结果见表 4.7，协变量标准偏差绝对值均小于 0.1，匹配效果良好，且均未通过 t 检验，变量没有统计性显著的组间差异，通过平稳性检验。样本总体平均处理效应（ATT）如表 4.8 所示，通过对比匹配前后的 ATT 发现，匹配前的行业股票收益比匹配后高 2.364 倍，即在各方面特征相似的情况下，行业面临 *NTRGap* 的高低对股票收益的影响很大。

由于 PSM–DID 法要求分类变量取值在 0 到 1 之间，本章将高 *NTRGap* 行业的变量 GAP 赋值为 1（反之为 0）来代替基准回归交叉项中的连续变量 *NTRGap*，使用和基准回归相同的实证方法分别对匹配前后的数据进行回归分析，表 4.9 列（1）显示了使用代表 *NTRGap* 高低的分类变量代替连续变量进行回归的结果，列（2）为使用倾向得分匹配后的数据的回归结果。列（1）的结论表明，无论使用分类变量还是连续变量研究 TPU 对股票收益的影响，结论都是一致的。列（2）基于匹配后的样本使用分类变量 GAP 和时间虚拟变量的交叉项对收益率进行回归分析，显著的正向促进作用支持基准回归结论，增强了本章结论的可靠性和说服力。

表 4.7　匹配前后协变量信息统计

变量	状态	均值		偏差	T 检验	
		实验组	对照组	偏离度	t 值	p 值
市盈率	匹配前	58.1289	71.3592	−0.0598	2.1050	0.0350
	匹配后	73.6534	64.5917	0.0410	−1.2010	0.2300
市净率	匹配前	4.7934	5.2623	0.1269	−4.8790	0.0000
	匹配后	4.7980	4.4801	−0.0068	0.3020	0.763
净资产收益率	匹配前	4.7934	5.2623	−0.0230	0.8110	0.4170
	匹配后	4.9722	5.5864	−0.0434	1.3890	0.1650
每股营业收入	匹配前	3.8094	2.5848	0.2869	−10.4940	0.0000
	匹配后	3.0768	3.0181	0.0138	−0.4280	0.6690
资本回报率	匹配前	7.2138	7.7840	−0.1440	4.1130	0.0000
	匹配后	7.3546	7.1667	0.0475	−1.0990	0.2720
产权比率	匹配前	183.5686	118.4170	0.3340	−12.5980	0.0000
	匹配后	143.5807	138.3534	0.0268	−1.1150	0.2650

续表

变量	状态	均值		偏差	T 检验	
		实验组	对照组	偏离度	t 值	p 值
流动比率	匹配前	2.0026	1.9408	0.0322	−1.3160	0.1880
	匹配后	1.9721	1.8584	0.0593	−1.7780	0.7570
企业价值倍数	匹配前	377.4254	233.1197	0.0904	−3.7410	0.00020
	匹配后	306.2536	256.1630	0.0314	−1.0510	0.2940

资料来源：作者整理

表 4.8　样本总体 ATT 效果

变量	样本	实验组	对照组	ATT	标准误差
r_i^t	匹配前	0.0238	0.0190	0.0048	0.1040
	匹配后	0.0216	0.0205	0.0011	0.0994

资料来源：作者整理

表 4.9　基于 PSM–DID 方法的稳健性检验结果

变量	r_i^t	
	（1）	（2）
$GAP \times dummy^y$	0.0133** （0.0054）	0.0165** （0.0075）
市盈率	−0.0000 （0.0000）	−0.0000 （0.0000）
市净率	−0.0005* （0.0003）	0.0001 （0.106）
净资产收益率	−0.0005*** （0.0001）	−0.001*** （0.0010）
每股营业收入	0.0024*** （0.0004）	0.0029*** （0.00009）
资本回报率	0.0019*** （0.0005）	0.0021** （0.0008）
产权比率	0.0000 （0.0000）	−0.0001 （0.0000）

变量	r_i^t	
	（1）	（2）
流动比率	0.0011 （0.0007）	0.0018** （0.0008）
企业价值倍数	0.0000 （0.0000）	−0.0000 （0.0000）
观测值	3402	1972
行业固定效应	√	√
时间固定效应	√	√
控制变量	√	√
R^2	0.5942	0.6193

注：*、**、***分别表示在10%、5%和1%的统计水平上显著，括号内为标准误。

资料来源：作者整理

（二）平行趋势检验

满足平行趋势假设是运用双重差分模型进行分析的前提。为采用更严谨的实证方法验证平行趋势，本章借鉴已有文献的处理方法（龙小宁和万威，2017），用如下方程进行平行趋势检验：

$$r_i^t = \alpha + \sum_{\tau \in \{-4, -3, -2, -1, 0, 1, 2, 3, 4, 5\}} \beta_\tau NTRGap_i \times dummy^\tau + \gamma X_i^{t-1} + \delta^t + \theta_i + \varepsilon_{it}$$

$$(4-8)$$

式（4-8）在式（4-2）的基础上增加了中国加入 WTO 前后年份的虚拟变量和 TPU 变量的交叉项作为解释变量，例如，$\tau = -1$ 意味着经济政策不确定性消失于 2000 年，$\tau = 1$ 则意味着经济政策不确定性消失于 2002 年。$dummy^\tau$ 为 10 个虚拟变量的集合，$\tau = 0$ 时的回归系数为本章核心变量对股票收益率的解释力度，如表4.10列（1）所示，核心变量系数维持正显著，而 $\tau \in \{-4, -3, -2, -1\}$ 时回归系数并不显著，$\tau \in \{1, 2, 3, 4, 5\}$ 时回归系数显著，说明本章因变量在 2001 年前的增长率一致。综上，本章模型符合平行趋势假设。

（三）两期倍差法检验

为避免运用多期倍差法对时间跨度为 10 年的样本进行回归分析可能存在序列相关而放大系数显著性的问题，本章在此考虑运用两期倍差法进行稳健性检验，使用2001—2002 年的样本进行回归分析的结果如表 4.10 列（2）所示，更高的贸易政策不确定性能显著促进行业资产价格提高，与运用多期倍差法的基准回归结果保持一致。

（四）基于报纸媒体文本分析构造的 TPU 和 EPU 进行检验

为进一步验证 TPU 影响资产收益率的观点，本章首先引用中美 TPU 指数[1]（即 TPUUS-China）与本章的核心变量 $NTRGap_i^{\gamma-1}*dummy^{\gamma}$ 进行联合回归分析，然后用 TPUUS-China 代替本章构造的 TPU 变量形成新的交叉项进行回归分析。结果分别如表 4.10 列（4）列（5）所示，在考虑中美贸易政策不确定之后的联合回归分析中，原交叉项系数变动较小，且在 1% 的置信水平下显著，列（5）展示了替换核心变量的交叉项回归分析结果，系数对资产价格有正显著的促进作用，但由于缺乏分行业数据，模型解释力度不够大。

引用 Baker et al.（2016）[2]基于新闻媒体文本分析提炼关键词而得的TPUBaker 指数代替本章使用的 TPU 代理变量进行稳健性检验，回归结果如

---

[1] 该指数由 Kyle Kost（2020）构建，构建方法与 Baker 大体相似，区别在于：关键词出自 *Boston Globe, Chicago Tribune, Los Angeles Times, New York Times, Wall Street Journal, and Washington Post* 等 6 大美国报纸，且文章同时包括经济、政策、不确定性类关键词和中国。

[2] Baker 等人计算的中国 TPU 指数最早追溯至 2000 年，无行业分组指标，因此此处的稳健性检验基于两期倍差法的分析且无法控制时间固定效应。该指数的构造分为六步，首先获取《人民日报》和《光明日报》每个月涉及经济、政策、不确定性等三类关键词的文章，然后根据每个月每个刊物登载的相关文章数量计算初始 EPU 值，再将样本分类至计划经济时期（1949—1978 年）、改革开放时期（1978—1999 年）和经济全球化时期（2000 年至今）等三个阶段，然后根据每家报纸的出刊频率进行标准化，再取每个刊物标准化后初始 EPU 的简单平均值，最后将每个时期的指数标准化至均值为 100（经济全球化时期标准化的时间段为 2000—2018 年）。

表 4.10 列（6）所示，交叉项与股票收益率正相关，但由于缺乏分行业统计的贸易政策不确定性信息，所以系数远小于本章采用的细分行业 TPU 代理变量，且解释力度相对较弱。

然后，引用 Baker et al.（2016）构建的 EPU 指数与本章核心变量对1997—2006 年的股票收益率进行联合回归分析，该指数与 TPUBaker 相比，除了三类关键词涵盖的具体词汇不同，其构建方式相似。在控制经济政策不确定性变量后，如表 4.10 列（7）所示，交叉项系数为 0.1139，且在 1% 水平上正显著，本章基准回归结果保持稳健。

（五）安慰剂检验

$NTRGap$ 在 2001 年中国获得美国 PNTR 之前波动较小，故这段时期内 TPU 对行业资产价格影响的变化不大，基于此，取不确定性时期（1997—2001 年）的样本数据进行回归分析，若得到不显著的交叉项系数，则可以佐证 DID 识别机制的有效性。如表 4.10 列（3）所示，交叉项的系数为正但未能通过一般水平的显著性检验，结果符合预期，说明对比 TPU 时期内的每个年份，TPU 并没有给资产收益率带来显著的正向促进作用，也进一步证明了本章 DID 估计结果的可靠性。

表 4.10　DID 设定的稳健性检验结果

变量	r_i^t						
	（1）	（2）	（3）	（4）	（5）	（6）	（7）
$NTRGap_i^{y-1}$ $\times dummy^y$	0.0753** （0.0433）	0.0924** （0.0432）	0.2045 （0.3196）	0.0762*** （0.0089）	——	——	0.1139*** （0.0148）
$NTRGap_i^{2001}$ $\times dummy^y$	——	——	——	——	——	——	——
$TPU_{US-China}^{y-1}$	——	——	——	0.0002*** （0.0000）	——	——	——
$TPU_{US-China}^{y-1}$ $\times dummy^y$	——	——	——	——	0.0002*** （0.0000）	——	——

续表

变量	r_i^t						
	（1）	（2）	（3）	（4）	（5）	（6）	（7）
TPU_{Baker}^{y-1} $\times dummy^y$	—	—	—	—	—	0.0002*** （0.0001）	—
EPU_{Baker}^{y-1}	—	—	—	—	—	—	−0.0000 （0.0000）
$NTRGap_i^{y-1}$ $\times dummy^{-1}$	−0.0462 （0.0376）	—	—	—	—	—	—
$NTRGap_i^{y-1}$ $\times dummy^{-2}$	−0.0041 （0.0347）	—	—	—	—	—	—
$NTRGap_i^{y-1}$ $\times dummy^{-3}$	0.0124 （0.0431）	—	—	—	—	—	—
$NTRGap_i^{y-1}$ $\times dummy^{-4}$	−0.0120 （0.0431）	—	—	—	—	—	—
$NTRGap_i^{y-1}$ $\times dummy^1$	0.0536** （0.0243）	—	—	—	—	—	—
$NTRGap_i^{y-1}$ $\times dummy^2$	0.0727** （0.0291）	—	—	—	—	—	—
$NTRGap_i^{y-1}$ $\times dummy^3$	0.0941** （0.0426）	—	—	—	—	—	—
$NTRGap_i^{y-1}$ $\times dummy^4$	0.0354** （0.0168）	—	—	—	—	—	—
$NTRGap_i^{y-1}$ $\times dummy^5$	0.0362* （0.0162）	—	—	—	—	—	—
观测值	3402	1031	1733	3402	3402	1031	3402
行业固定效应	√	√	√	√	√	√	√
时间固定效应	√	√	√	—	—	—	—
控制变量	√	√	√	√	√	√	√
R^2	0.5844	0.5756	0.6235	0.0514	0.0466	0.0222	0.0736

注：*、**、*** 分别表示在 10%、5% 和 1% 的统计水平上显著，括号内为标准误。

资料来源：作者整理

六、结论与政策建议

风险和不确定性是影响投资者决策的重要因素，本章通过中国加入 WTO 与美国建立 PNTR 这一准自然实验，讨论了中国加入 WTO 之前贸易政策不确定性对资产价格的影响。一方面，贸易政策的不确定性以及其所导致的风险溢价是影响资产价格的重要因素。结合行业资产组合分析，本章发现高 $NTRGap$ 行业的年超额收益较低 $NTRGap$ 组合高出 5.472%，即持有高风险股票的投资者要求更高的补偿收益，该结论从风险的角度验证了不确定性对高风险行业股票收益率的促进作用。此外，本章通过基于 NTR 关税和行业运输成本的双重排序分析，从贸易全球化之后行业壁垒和投入成本变化的角度出发，排除了经济全球化带来的政策变化和行业环境改变对基准结果的可能性解释和干扰，并引入"入世"前后企业 EBIT 增长率的差值，排除了预期现金流可能导致的股价波动对本章结果的干扰。同时，本章使用 PSM–DID 方法在解决了股票收益和 TPU 之间尚未被注意到的潜在内生性问题的前提下证明了本章结论的可靠性，随后的两期倍差法和安慰剂检验在考虑序列相关性和针对倍差法可能存在的不足后进行了补充检验，分别借鉴 Kyle 和 Baker 等人构造的 TPUUS–China 和 TPUBaker 对股票收益率进行回归分析的结论同样保持正显著。另一方面，我们的研究显示贸易政策的不确定性会通过投入产出结构在经济中传导，从而影响资产价格对于不确定性的反应，即生产成本的不确定性可由金融市场定价。

本章研究中国加入 WTO 前的 TPU 时期。如今，我国面临的国际环境与经济形势已大不相同，部分国家不友善的经济贸易政策和逆全球化势力渐盛的势头无不给我国的经济发展、金融市场的稳定和企业的发展战略布局带来层出不穷的挑战，但研究方法和研究结论是通用的，如本章在考虑投入产出联系后发现，处在产业链下游的行业受到来自上游的溢出效应的显著影响，这一发现与 Huang et al.（2018）研究中美贸易摩擦期间双方企业受到的影响路径一致。本章结论为政策制定者、企业管理者和投资者理解 TPU 对投资者预期和股市反应的机制提供了视角和论证。从微观角度看，对于投资者而言，在不确定性时期进行投资是风险与收益并存的博弈，学习资产定价模型以及关注企业财务指标有助于科学决策。从中观角度看，对于上市公司来说，政策不确定性对企业的影响不仅取决于自身经营决策与财务状况，还极大受到上游企业的影响，故而关注供应链上游企业是风险管理中不可缺少的一环。从宏观角度出发，资产价格揭示系统性风险的前提是证券市场高度有效，本章呼吁引导、监管各市场主体，建立理性有效的金融市场，最大程度发挥资产价格的系统性风险预警功能。

第五章

房价和企业借贷

本章主要讨论了房价和企业借贷之间的关系。房价的上升可以通过抵押品效应减小企业的融资约束。本章主要利用 2000—2007 年中国企业微观数据来研究企业的抵押品效应。本章的研究结果显示中国企业存在抵押品效应，且私营企业的抵押品效应更为显著。此外，面对房价的变化，企业也会相应地调整债务融资结构。

一、引言

银行通常根据两大标准向公司发放信贷：一是抵押物，如公司持有的房地产和其他固定资产；二是公司未来的盈利能力，即从事重要项目的公司获得贷款的机会更大。国有银行在中国的银行体系当中占据主导地位，而国有企业也更容易获得银行贷款。但是，国有银行较少通过评估企业项目的未来盈利能力来向私营企业分配资源。大多数贷款实际上是以公司的抵押品持有量，尤其是房地产持有量为发放依据。此外，不少中国的银行可能只接受土地或建筑作为抵押物（Gregory & Tenev，2001；Cousin，2011）。

中国房地产持续蓬勃发展，中国主要城市的房地产价格增长了许多倍（Wu，Gyourko，& Deng，2012）。已有理论文献表明，房地产泡沫可能通过挤出有效投资损害企业成长或经济增长。与之相反，也有研究认为企业可以在房地产价格上扬时更多地进行借贷和投资活动。Barro（1976），Stiglitz 和 Weiss（1981）以及 Hart 和 Moore（1994）认为，在契约不完备的假定下，凭借抵押物进行借贷的公司借贷能力会上升。这在一些经典文献（Bernanke & Gertler，1989；Kiyotaki & Moore，1997）中被称为"抵押品效应"，能够导致经济周期的扩张。

越来越多的经验研究文献关注资产价格和企业借贷约束，并得到了一些有趣的结论。Chaney，Sraer 和 Thesmar（2012）基于 1993—2007 年美国上市公司的数据对抵押品效应进行了检验。研究表明，抵押品价值每上升一美元，美国代表性国有企业的投资额相应提高 0.06 美元。该结论支撑了资产价格增值可以通过提高公司的抵押品价值来放松企业的金融约束。Gan（2007）基于日本的数据证实了抵押品对国企投资这一渠道影响的显著性。Cvijanović（2014）研究了房地产价格对公司资本结构决策的影响，表明抵押品价值冲击能够影响企业改变其债务结构。

中国资本市场并非完美市场。Allen、Qian 和 Qian（2005）以及 Ayyagari、Demirgüç-Kunt 和 Maksimovic（2010）发现，国有企业获得了很大一部分银行融资，而私营企业更多地依赖其他融资渠道。Poncet、Steingress 和 Vandenbussche（2010）对不同所有制视角下中国企业信贷分配的决定因素展开实证分析，发现中国私营企业信贷受限，但国有企业并非如此。Song、Storesletten 和 Zilibotti（2011）提出了一个金融不完善的增长模型来解释中国经济增长转型，其中高生产率的企业在财务上受限，不得不依赖内部储蓄。总体而言，国有企业不需要依赖抵押价值进行投融资活动，而私营企业则更有可能在这方面受限。房地产的情况如何影响企业层面的信贷配置？根据既有的实证文献和理论文献，本章提出了中国房地产市场存在抵押效应，且该效应在房地产蓬勃发展阶段更为显著的假说。本章使用国家统计局发布的 1999—2007 年企业年度普查数据来探究房地产价格对企业借款的影响。我们发现，房地产价格上涨对企业的借款有显著的正向影响，私营企业的上述效应较为明显，但对国有企业来说该影响并不显著。

由于房地产价格是本章回归分析的关键解释变量，而价格又是内生决定的，本章的估计结果受到内生性问题的干扰。本章将在第六部分集中讨论内生性问题的处理。

本章为研究资产价格和企业借款两者间关系的文献作出了贡献。与本章最为密切相关的是 Chaney et al.（2012）和 Wu，Gyourko，& Deng（2015）的两篇文献。Chaney et al.（2012）基于美国上市公司的财务数据研究发现，房地产价值高会导致更多的投融资，并证实了融资摩擦的存在。Wu et al.（2015）基于 2003—2011 年 444 家中国上市公司的数据进行了类似的抵押品效应研究。他们发现，中国在平均意义上并不存在抵押品效应，即使仅对私企进行研究也同样如此。本章在上述文献的基础上进行了如下改进。第一，不同于 Chaney 等人（2012）使用的美国数据，我们的研究对象是以银行为主的中国资本市场。这一独特的特性为研究抵押品效应提供了一个较好的研究情境。第二，我们弥补了 Wu et al.（2015）在样本量方面所存在的局限性，这一局限性也在原文当中有所提及。本章所采用的样本包括 411430 家公司和 1999—2007 年总计 1934072 项公司—年度观测值。第三，本章采用的公司级数据主要由没有股权融资渠道的非上市公司组成。控制这一渠道有助于我们更好地理解借贷约束在中国的具体实践。因此，与 Wu et al.（2015）中主要关注大型上市公司不同，本章的研究样本中包含较多小规模公司。众所周知，大多数大公司都利用它们与地方政府或中央政府的关系来获得融资（Wang，2015）。考虑到这些企业可以获得国家资金，Wu et al.（2015）发现，抵押品升值与企业借款和投资之间不存在正相关关系的研究结论便不难理解。

本章剩余部分安排如下。第二部分是数据描述；第三部分讨论研究方法；第四部分详述估计方法和主要回归分析结果；第五部分进行稳健性检验；第六部分是内生性处理；第七部分是全文总结。

二、数据

我们采用的是中国公司层面数据和中国城市层面地价和房价的匹配数据集。

（一）中国国家统计局的企业层面数据

1999—2007 年的企业数据来自中国国家统计局的企业年度普查数据。国家统计局的企业级数据涵盖了国有工业企业，以及所有销售收入超过 500 万元的非国有企业（统称为规模以上企业）。我们遵循 Brandt、Van Biesebroeck & Zhang（2012）所使用的处理思路，将公司以时间线串联起来，并在 Brandt et al.（2012）的基础上进行修正，构建本章需要的面板数据集。[①]本章不再仅仅使用企业数字识别码来实现匹配，而是将公司名称、地址和所属行业等其他信息也纳入匹配的识别范围。即使一家公司的企业识别码因为并购或重组而发生改变，算法也能够在大多数情况下将同一家公司的前后观测值联系起来。这样，我们得到了411430家公司样本和1934072份公司一年度层面观测值。在此基础上，我们删除了缺少关键变量的公司样本，并且只保留了至少连续两年出现在样本中的公司。[②]最终得到了包括由409986家公司和1931146个公司一年度层面观测值组成的样本数据集。

样本数据经公司规模标准化后得到。我们主要关注房地产价格上升如何影响企业借款，采用如下方法来衡量借款。贷款利率按年利息支出与公司资产价值的比率计算得到，其中分子是全年的利息支出，分母是年初的总资产。另一种衡量公司借款的方法是使用杠杆率，即总债务与总资产的比率。采用现金流与公司资产价值的比率反映全年的净收入加上折旧，该变量的取值也按公司资产规模进行缩放。我们将总债务区分为长期债务和短期债务以研究公司债务结构，具体以两者相对总资产的比值进行衡量。

为了确保研究结果的稳健性，本章将反映企业初始状态的变量与房地产价格的交互项纳入解释变量当中来控制潜在的内生性。反映企业初始状态的变量包括：资产回报率（ROA），即净收入除以企业总资产；总资产；由企业销售额衡量的企业规模；由成立以来的年数决定的企业年龄，表征是否为国有企业的类别变量（如果是国有企业则记为 1，否则为 0），表征企业位置的分类变量（由企业总部位于我国东部、中部和西部进行区分）[③]。

---

① Brandt et al.（2012）用以进行垮时间公司匹配的代码可参照 http://www.econ.kuleuven.be/public/n07057/China/。

② 我们也验证了仅包括存在三期以上或四期以上的公司的回归结果，结论仍然是稳健的。

③ 分类标准基于中国国家统计局的官方定义。东部地区包含以下 11 个省、直辖市：北京、福建、广东、海南、河北、江苏、辽宁、山东、上海、天津、浙江。中部地区包括以下 8 个省份：安徽、黑龙江、河南、湖北、湖南、江西、吉林、山西。西部地区包括以下 11 个省、直辖市和自治区：重庆、甘肃、广西、贵州、内蒙古、宁夏、青海、陕西、四川、新疆、云南。

最后，为了避免离群点对回归结果的影响，所有比率形式的变量都以 5% 进行缩尾处理 [1]。表 5.1 提供了本章所用数据的描述性统计 [2]。

表 5.1　企业层级数据的描述性统计

	均值	中位数	标准差	第一四分位数	第三四分位数	观测值
负债（Loan）	0.016	0.013	0.013	0.005	0.023	1207061
资产（Asset）	9.69	9.547	1.315	8.709	10.566	1931146
杠杆率（Leverage）	0.569	0.599	0.258	0.365	0.773	1931146
现金（Cash）	0.091	0.059	0.105	0.02	0.124	1931146
规模（Size）	9.466	9.675	1.87	8.832	10.641	1930629
资产回报率（ROA）	0.061	0.028	0.096	0.001	0.088	1931146
长期债务（Long-term Debt）	0.045	0	0.087	0	0.042	1931146
短期债务（Short-term Debt）	0.518	0.519	0.256	0.307	0.718	1931146
企业自然年龄（Age）	10.578	7	10.776	3	13	1928638

注：以上数据根据 1999—2007 年国家统计局规模以上工业企业年度调查数据计算得到。贷款利率被定义为利息支出与企业资产价值的比率。杠杆率是指负债总额与企业资产价值的比率。现金被定义为净收入和折旧之和与企业资产价值的比率。规模由公司全年的销售额来反映。资产回报率的定义是净收入与总资产的比率。将长期债务定义为按企业资产价值标准化的长期债务，短期债务定义为企业资产价值规范化的短期债务。企业自然年龄是指企业成立的年数。

资料来源：作者整理

（二）住房价格和土地价格

自 1997 年以来，中国国家统计局每年都会发布两个房地产价格指数：70 个大中城市住房价格指数（简称"70 城市住房指数"）和 70 个大中城市土地交易价格指数（简称"70 城市土地指数"）。顾名思义，它们衡量的是随时间变化

---

① 如果以其他比例进行缩尾，结论仍然是稳健的。

② 由于全样本的描述性统计和在表 5.1 中至少出现两年的公司的描述性统计一致，我们没有专门汇报针对全样本的描述性统计。

的房屋和土地的平均销售单价。其中，70 城市住房指数由新建住房和二手房的销售价格计算得到，70 城市土地指数则被定义为房地产开发商或其他建设单位实际支付的土地使用权交易价格，交易实体可以被用于包括住宅、工业、商业和其他用途。这两个依交易量加权的价格指数都衡量了总体价格趋势。

　　然而，直接使用官方数据存在一定问题（Wu et al., 2012）。第一，我国房地产价格随我国经济发展水平提高而飙升，尤其是在北京、上海和深圳等一线城市，但与此同时，价格指数的增长仍然相对温和，价格指数和民众认知水平存在明显差异。第二，住房和土地是具有较强质量异质性的特殊物品，但是价格指数并未考虑这样的质量异质性。因此，现有价格指数的构建方法还需要进一步完善。

　　为了将土地质量的变化纳入考虑，我们在分析中使用了 Wu et al.（2012）构建的中国居住用地价格指数（CRLPI）。该指数是在控制位置和规模等质量变量的条件下，由 35 个主要城市的土地交易原始数据计算得到的，又称为质量指标。但是，该指标只能提供 2004—2007 年我国十个城市和三个区域的数据 ①。

　　表 5.2 提供了这些高度相关的指数的详细信息。70 城市住房指数与 70 城市土地指数之间的相关性为 0.9070，城市土地指数与区域指数之间的相关性为 0.80。

表 5.2　房地产价格描述性统计

	均值	中位数	标准差	第一四分位数	第三四分位数	观测值
70 城市住房指数	1.178	1.089	0.224	1.015	1.283	385
70 城市土地指数	1.212	1.069	0.498	1	1.269	385
CRLPI 城市指数	2.419	2.012	1.552	1.246	3.098	124
CRLPI 区域指数	1.362	1.121	0.464	1.009	1.535	15
地方住房供给弹性	7.678	5.4	7.634	3.445	9.67	35

注：70 城市住房指数和 70 城市土地指数来自中国国家统计局。CRLPI 城市指数和地区指数均来自 Wu et al.（2012）。地方住房供给弹性来自 Wang et al.（2012）。将 1998 年的 70 城市住房指数和 70 城市土地指数标准化为 1；将 2004 年的 CRLPI 城市指数和 CRLPI 区域指数标准化为 1。

资料来源：作者整理

――――――――――

　　① 这十个城市分别是：北京、天津、上海、大连、南京、杭州、武汉、长沙、重庆、成都。区域有东部，中部和西部。区域划分与前文当中国家统计局的划分标准一致。

（三）中国土地供给弹性及利率

以价格作为解释变量的回归分析通常都面临着内生性的问题。借鉴 Mian and Sufi（2011）和 Chaney et al.（2012）的思路，本章使用长期利率和本地住房供给弹性的交叉项作为工具变量。构造工具变量的核心思想是，本地住房供给弹性和按揭利率是房地产价格的重要影响因素，但它们与企业借贷没有直接关联，且只能通过对本地土地价格的影响间接作用于公司借贷。中国各地地方住房供给弹性的数据来自 Wang, Chan 和 Bohua（2012）。Wang et al.（2012）的研究使用 1998—2009 年中国 35 个城市的面板数据，估测得到城市层面的住房供给弹性。1998—2007 年的实际长期借贷利率由中国人民银行网站数据计算得到①。表 5.3 列举了本章样本期内的长期借贷利率，其中长期借贷利率的调整日期代表了采用该利率的初始时间点。

表 5.3　长期贷款利率

调整日期	利率（%）	调整日期	利率（%）
1999.06.10	6.21	2007.05.19	7.2
2002.02.21	5.76	2007.07.21	7.38
2004.10.29	6.12	2007.08.22	7.56
2006.04.28	6.39	2007.09.15	7.83
2006.08.19	6.84	2007.12.21	7.83
2007.03.18	7.11	—	—

注：长期按揭利率（大于五年）的数据来自中国人民银行。
资料来源：作者整理

---

① 对五年期以上的基准贷款利率进行去通胀处理，计算得到长期实际贷款利率。

三、实证研究设计

在本节当中，我们将具体研究房地产价格变化对公司银行借贷和债务结构的影响。我们的目标是希望判断资产价格的上升是否会提高我国公司的借贷能力。更进一步，本章希望探究这种效应是否因公司所有制不同而异，即这种效应对于国有企业和非国有企业是否有所不同。借鉴 Chaney et al.（2012）和 Wu et al.（2015）的思路，我们假设公司的房地产持有量完全集中于其总部所在地。

Chaney et al.（2012）只收集了研究区间内第一年的公司房地产持有信息，并假设总部城市与公司全部的房地产持有相对应。虽然我们在总部城市的设置上延续了 Chaney et al.（2012）的假设，但我们并没有采用其关于公司最初持有房地产的设置。Chaney et al.（2012）的研究存在一定问题：研究样本中大多数公司都是小公司，这意味着私人公司创业者持有的个人房地产可以作为公司借款的抵押品。私营企业家倾向于抵押自己的住宅以向银行借款。由于大部分企业家定居在企业总部所在城市，他们的住宅投资也都在同一城市，使用这些数据会在回归分析当中引入测量误差。Wu et al.（2015）也在他们数百家上市公司的有限样本当中使用了房地产持有的数据。然而，由于大多数中国上市公司都是超大型公司，它们较少依赖抵押品，较多依赖政治关联、政府政策偏好以及筹集资金的声誉。他们所研究的对象大多为不依赖抵押品进行借贷的国有企业。我们的研究样本新增了私营企业和工业企业，这些企业与基于服务的公司相比持有更多的房地产。此外，由于中国是世界上最大的制造业国家，将工业企业作为研究对象符合我国的现实需要。

我们对以下固定效应模型进行估计：

$$Loan_{i,c,t} = \alpha + \delta_t + \mu_i + \beta_1 \times LPrice_{c,t} + \beta_2 \times Cash_{i,c,t} + \beta_3 \times Leverage_{i,c,t} +$$
$$\beta_4 \times Size_{i,c,t} + \gamma \times InitialControls_{i,c} \times LPrice_{c,t} + \varepsilon_{i,c,t} \quad （5\text{-}1）$$
$$Debt_{i,c,t} = \alpha + \delta_t + \mu_i + \beta_1 \times LPrice_{c,t} + \beta_2 \times Cash_{i,c,t} + \beta_3 \times Size_{i,c,t} +$$

$$\gamma \times InitialControls_{i,c} \times LPrice_{c,t} + \varepsilon_{i,c,t} \tag{5-2}$$

其中，t，c，i 分别代表第 t 年，总部位于城市 c 的公司 i，δ 和 μ 分别代表了年度固定效应和公司固定效应。$Loan_{i,c,t}$ 表示贷款比率，用总利息支付与公司资产的比值计算得到；$Debt_{i,c,t}$ 表示债务比率，包括长期债务和短期债务，用长期和短期债务之和除以公司资产价值得到；$LPrice_{c,t}$ 代表对城市 c 在第 t 年的房价和地价的控制。控制变量还包括现金（净收入与资产之比），杠杆率（年初短期债务和长期债务之和与资产的比值）。考虑到公司对房地产的需求具有异质性，本章借鉴 Chaney et al.（2012）的方法，在回归分析中纳入了表征公司初始特征的变量和房地产价格的交互项[①]。γ 是系数变量。除资产（Asset）以外，这些表征公司初始特征的变量包括规模（Size），用公司收入的对数值来体现；资产回报率（ROA）；是否为国有企业（SOE）；位置（Location），即公司坐落于中国的东部、中部或西部。整体上，基于面板数据得到的对参数 β_1 的估计表示了资产价格拉动公司借贷的程度。

估计方程 5-1 的右侧面临着房地产价格的经典内生性问题。当房地产价格上升时，公司可以因抵押品升值而借款更多。然而，仅仅依靠抵押品效应可能导致回归估计有偏。大型公司借款的增多可能因将其用于房地产购买而导致房地产价格上涨。这种反向因果的影响可能导致估计结果有偏。借鉴 Chaney et al.（2012）和 Cvijnovi（2014）的做法，本章将本地房价供给弹性和长期借贷利率的交互项作为工具变量。这两个变量都与房地产价格直接相关，当本地房产供给弹性变低时，较低的借贷利率更容易导致房地产价格的提高。我们提出以下假说：利率降低导致房地产价格上升的效应在房产供给弹性较低的城市更加显著。针对城市 c，时间 t，我们估计以下方程。

$$P_{c,t} = \delta_c + \mu_t + \gamma\, Elasticity_c \times IR_t + \varepsilon_{c,t} \tag{5-3}$$

其中，$Elasticity$ 代表城市层面的地方住房供给弹性，IR 是长期借贷利率，δ 和 μ 分别表示年份固定效应和城市固定效应。我们在第六部分详述工

[①] 根据 Chaney et al.（2012）的模型，这有助于控制由于所有制决策导致的潜在内生性问题。如果更有可能拥有房地产的公司对本地需求冲击更加敏感的话，那么回归方程（5-1）将高估抵押品效应。因此，我们将公司特征和本地房地产价格纳入回归分析，以控制可能存在的房地产所有权问题。

具变量回归的部分。

四、回归结果

（一）房地产价格和公司贷款

由于存在内生性，房地产价格的系数估计偏大，小而不显著或是为负的回归结果更加表明不存在抵押品效应[①]。表 5.4 显示了以房价指数估计的基准回归结果。前两列显示了全样本的估计结果。第（1）列显示了不考虑现金、杠杆率和规模等公司特征的估计结果。根据基准回归当中估计系数 β_1 的回归结果，房地产价格升值对本地公司贷款融资有着显著的正向影响，且该影响是在 1% 的置信水平上显著的。前两列显示整个样本的估计值。第（1）列显示了不纳入公司特征变量的回归式（5-1）的估计结果。根据基准回归当中 β_1 的估计结果，房地产价格上涨对地方企业的贷款融资有正向影响，且在 1% 的显著水平上显著。在第（2）列中，我们控制了表征企业特征的变量和初始条件下企业特征变量与房价的交互项，以控制前述讨论的内生性问题。此时估计系数为 0.017，在 1% 的置信水平上显著。这表明，房价每上涨 1%，贷款额度就相应增加 1.7%。第（3）列到第（6）列检验了第（1）列和第（2）列当中房地产价格对贷款融资的影响是否取决于企业类型。众所周知，中国国有企业比私营企业面临的借贷限制要少。因此，第（3）列到第（6）列报告了按国有企业和非国有企业分组的估算。不同类型企业的结果存在显著差异，说明房地产价格上涨对非国有企业的影响大于对国有企业的影响。在第（3）列和第（4）列当中，我们只考虑非国有企业。排除企业特征后，我们发现第（3）列当中的估计系数在 1% 的置信水平上显著，并且大于第（1）列中使用整个

[①] 基准回归当中的内生性问题导致房地产价格的估计系数被高估。

样本估计的系数。在第（4）列中，我们发现系数为0.019，相对较大且具有统计学意义。第（5）列和第（6）列显示了针对国有企业的估算，两列的估计系数均为负。我们没有发现房地产价格上涨对国有企业贷款融资有正向影响。

表5.4 中国房价与贷款

	贷款					
	全样本（1）	全样本（2）	非国企（3）	非国企（4）	国企（5）	国企（6）
房价	0.027***（−0.005）	0.017***（−0.004）	0.030***（−0.005）	0.019***（−0.005）	−0.005（−0.005）	−0.011**（−0.006）
现金	—	0.009***（−0.001）	—	0.010***（−0.001）		0.002（−0.002）
杠杆率	—	0.007***（0.000）	—	0.007***（0.000）		0.010***（−0.001）
规模	—	0.000***（0.000）	—	0.000***（0.000）		0.000***（0.000）
初始控制 × 价格	是	是	是	是	是	是
公司固定效应	是	是	是	是	是	是
年份固定效应	是	是	是	是	是	是
观测值	317895	317894	285810	285810	32085	32084
R^2	0.701	0.706	0.703	0.708	0.734	0.74

注：企业层面的变量根据1999—2007年国家统计局规模以上工业企业年度调查数据计算得出。公司级变量的定义如表5.1所示。房价数据来源于中国国家统计局的70城市住房指数。此表显示了同公式（5-1）中设定的OLS估计结果，其中因变量为贷款。所有回归模型都控制了企业的初始特征（资产、规模、资产回报率、国有企业哑变量和地区哑变量）与房价的交叉项。除（1）、（3）和（5）列外，所有回归都控制了现金、杠杆率和规模等公司特征。所有回归都使用年份固定效应和公司固定效应，标准差聚类到城市—年的层级。括号中为标准误。*** 表示在1%的置信水平上显著。** 表示在5%的置信水平上显著。

资料来源：作者整理

表5.5遵循表5.4城市层面房价回归分析的思路，再现了城市层面地价数据作为被解释变量的回归结果。我们获得了和表5.4相近的结果。第（1）列和第（2）列中的全样本回归结果在1%的置信水平上显著为负。在纳入表征公司特征的变量后，我们发现该效应为0.014。用地价回归的结果表明，国有企业和非国有企业的估计结果差异并不大。非国有企业的效应显著为正。第（4）列当中的升值效应相对较大，此时估计系数为0.016，这与预期相符

并与表 5.4 当中的结果相近。换言之，地价每提高 1%，非国企的地价将提高 1.6%。对国有企业而言，这种效应小且不显著。因此，抵押品价格的提高对非国有企业的影响大于国有企业。

表 5.5　中国地价与贷款

	贷款					
	全样本 （1）	全样本 （2）	非国企 （3）	非国企 （4）	国企 （5）	国企 （6）
地价	0.021*** （−0.002）	0.015*** （−0.002）	0.022*** （−0.002）	0.016*** （−0.002）	0.001 （−0.004）	−0.002 （−0.004）
现金	—	0.010*** （−0.001）	—	0.010*** （−0.001）	—	0.001 （−0.002）
杠杆率	—	0.008*** （0.000）	—	0.007*** （0.000）	—	0.010*** （−0.001）
规模	—	0.000*** （0.000）	—	0.000*** （0.000）	—	0.000*** （0.000）
初始控制 × 价格	是	是	是	是	是	是
公司固定效应	是	是	是	是	是	是
年份固定效应	是	是	是	是	是	是
观测值	318795	317894	286600	285810	32085	32084
R^2	0.7	0.706	0.702	0.708	0.732	0.738

注：企业层面的变量根据 1999—2007 年国家统计局规模以上工业企业年度调查数据计算得出。公司级变量的定义如表 5.1 所示。土地数据来源于中国国家统计局的 70 城市土地指数。此表显示了同公式（5-1）中设定的 OLS 估计结果，其中因变量为贷款。所有回归模型都控制了企业的初始特征（资产、规模、资产回报率、国有企业哑变量和地区哑变量）与房价的交叉项。除（1）、（3）和（5）列外，所有回归都控制了现金、杠杆率和规模等公司特征。所有回归使用年份固定效应和公司固定效应，标准差聚类到城市—年的层级。括号中为标准误。*** 表示在 1% 的置信水平上显著。

资料来源：作者整理

接下来，我们使用 Wu et al.（2012）构造的 CRLPI 数据作为回归当中的价格指数进行再回归。Wu et al（2012）采用特征建模法来控制土地质量的变化，这样 CRLPI 可以更加准确地刻画中国住房价格的动态变化。在表 5.6 中，我们采用两种不同的指标对回归方程（5-1）进行了再估计，具体是在（1）到（3）列中使用区域价格指数，在（4）到（6）列当中使用城市价格指数。使用区域价格指数尽管意味着在区域价格指数的变动性上有所折损，但也将更多公司纳入研究范围中来 ①。我们在表 5.6 当中体现了区分不同所有制公司类别的回归结果。第（1）列和第（2）列的回归结果表明，全样本的回归结果和非国有企业分组类别的回归结果在 1% 的置信水平上显著为正。第（3）列国有企业的系数回归结果是不显著的。在第（4）列到第（6）列当中，我们对一个更小的样本进行了同样的估计，其中 CRLPI 指数只覆盖了 10 个城市。第（4）列到第（6）列的回归结果是稳健的。

表 5.6　CRLPI 与贷款

	贷款					
	全样本（1）	非国企（2）	国企（3）	全样本（4）	非国企（5）	国企（6）
区域价格	0.007***（−0.002）	0.006***（−0.002）	−0.001（−0.003）	—	—	—
城市价格	—	—	—	0.002*（−0.002）	0.002**（−0.003）	−0.005（−0.004）
现金	0.013***（−0.001）	0.013***（−0.001）	0.005***（−0.002）	0.009***（−0.002）	0.009***（−0.002）	0.003（−0.009）
杠杆率	0.007***（0.000）	0.007***（0.000）	0.007***（−0.001）	0.006***（−0.001）	0.006***（−0.001）	0.008***（−0.003）
规模	0.001***（0.000）	0.001***（0.000）	0.001***（0.000）	0.001***（0.000）	0.001***（0.000）	−0.000（0.000）
公司初始控制 × 价格	是	是	是	是	是	是
公司固定效应	是	是	是	是	是	是
年份固定效应	是	是	是	是	是	是
观测值	641961	611238	30723	70619	67664	2955
R^2	0.755	0.754	0.808	0.776	0.775	0.813

注：此表报告了 CRLPI 和公司借贷之间的实证关系。区域和城市价格来自 Wu et al.（2012）构建的 CRLPI 指数。第（1）至（3）列是地区价格的回归结果，第（4）至（6）列是城市价格的回归结果。企业层面的变量是根据国家统计局年度规模以上工业企业调查（1999—2007 年）的数据计算得出的。公司级变量的定义如表 5.1 所示。所有回归分析都控制了公司的初始特征（资产、规模、资产回报率，以及国有企业哑变量和位置哑变量）与土地价格的交叉项。所有回归分析都控制了现金、杠杆率和规模等初始公司特征。所有回归分析都控制了年份固定效应和公司固定效应，标准差分别聚类到城市—年的层级或区域—年的层级。括号中为标准误。*** 表示在 1% 的置信水平上显著，** 表示在 5% 的置信水平上显著，* 表示在 10% 的置信水平上显著。

资料来源：作者整理

① 在表 5.6 的第（1）至（3）列中，我们将样本当中的所有公司都纳入回归方程。我们也尝试将回归分析局限在 70 城市住房指数和 70 城市土地指数所对应的城市当中，验证发现表 5.5 中的结论仍然成立。

（二）房地产价格和公司债务

我们在本节讨论了房地产价格对公司债务结构的影响，表5.7中显示了使用城市层级的住房价格指数对回归式（5-2）的估计结果。第（1）列到第（3）列使用长期债务比率，并使用全样本，对国有企业样本组和非国有企业样本组分别进行回归，在回归中加入了表征初始公司状态的控制变量和住房价格的交互项。估测结果在全样本、国企样本和非国企样本组当中均显著为正。第（4）列到第（6）列则在相同设定下针对短期债务比率专门进行回归分析。我们发现无论是在全样本当中，还是在国有企业组和非国有企业组当中，该效应均不显著。

表5.7 中国房价与债务（区分不同债务类型）

	长期贷款			短期贷款		
	全样本 （1）	非国企 （2）	国企 （3）	全样本 （4）	非国企 （5）	国企 （6）
房价	0.069*** （0.009）	0.063*** （0.009）	0.101*** （0.021）	0.018 （0.042）	0.025 （0.042）	−0.091 （0.066）
现金	−0.014*** （0.002）	−0.013*** （0.002）	−0.016** （0.008）	−0.363*** （0.014）	−0.375*** （0.015）	−0.268*** （0.025）
规模	0.001*** （0.000）	0.001*** （0.000）	0.003*** （0.001）	0.020*** （0.003）	0.024*** （0.004）	0.015*** （0.002）
公司初始控制 × 价格	是	是	是	是	是	是
公司固定效应	是	是	是	是	是	是
年份固定效应	是	是	是	是	是	是
观测值	590878	527731	63147	590878	527731	63147
R^2	0.662	0.636	0.772	0.731	0.729	0.797

注：此表反映了房价和债务结构之间的关系。企业层面的变量根据国家统计局年度规模以上工业企业调查（1999—2007年）的数据计算得出。公司级变量的定义如表5.1所示。房价数据来源于中国国家统计局的70城市住房指数。因变量为长期债务［第（1）至（3）列］和短期债务［第（4）至（6）列］。此表显示了公式（5-2）设定的OLS估计结果。所有回归分析都控制了公司初始特征（资产、规模、资产回报率以及国有企业哑变量和位置哑变量）与房价的交叉项。所有回归分析都控制了现金和规模等公司特征。所有回归分析均控制年份固定效应和公司固定效应，标准差聚类到城市—年的层级。括号中为标准误。*** 表示在1%的置信水平上显著，** 表示在5%的置信水平上显著。

资料来源：作者整理

表 5.8 使用城市级土地价格指数替代表 5.7 中的房价指数进行估计。结果与表 5.7 中的结果相似。对于整个样本以及非国有企业和国有企业的子样本，土地价格水平对长期负债率的估计影响仍然在 1% 的置信水平上显著为正。短期负债率的系数在统计上不显著。表 5.7 和表 5.8 的结果表明，借款人更有可能使用长期债务来为其投资活动筹集资金。

表 5.8 中国地价与债务（区分不同债务类型）

	长期贷款			短期贷款		
	全样本（1）	非国企（2）	国企（3）	全样本（4）	非国企（5）	国企（6）
地价	0.035***（0.007）	0.033***（0.008）	0.044***（0.016）	−0.007（0.028）	0.003（0.029）	−0.064（0.050）
现金	−0.014***（0.002）	−0.013***（0.002）	−0.016**（0.008）	−0.357**（0.014）	−0.372***（0.015）	−0.245***（0.027）
规模	0.001***（0.000）	0.001***（0.000）	0.003***（0.001）	0.019***（0.003）	0.024***（0.004）	0.015***（0.002）
初始控制 × 价格	是	是	是	是	是	是
公司固定效应	是	是	是	是	是	是
年份固定效应	是	是	是	是	是	是
观测值	590878	527731	63147	590878	527731	63147
R^2	0.661	0.636	0.772	0.731	0.729	0.796

注：此表反映了地价和债务结构之间的关系。企业层面的变量根据国家统计局年度规模以上工业企业调查（1999—2007 年）的数据计算得出。公司级变量的定义如表 5.1 所示。地价数据来源于中国国家统计局的 70 城市土地指数。因变量为长期债务［第（1）至（3）列］和短期债务［第（4）至（6）列］。此表显示了公式（5-2）设定的 OLS 估计结果。所有回归分析都控制了公司初始特征（资产、规模、资产回报率以及国有企业哑变量和位置哑变量）与地价的交叉项。所有回归分析都控制了现金和规模等公司特征。所有回归分析均控制年份固定效应和公司固定效应，标准差聚类到城市—年的层级。括号中为标准误。*** 表示在 1% 的置信水平上显著，** 表示在 5% 的置信水平上显著。

资料来源：作者整理

为了进一步探索企业用于投融资的债务渠道，我们还研究了 CRLPI 对企业债务结构的影响。表 5.9 和表 5.10 呈现了回归式（5-2）的估计结果。我们在表 5.9 当中采用了 CRLPI 当中的区域价格，并给出了全样本以及区分企业所有制的回归结果。在第（1）列到第（3）列当中，被解释变量是长期债务。

其中，针对全样本进行回归的估计结果在 1% 的置信水平上显著为正。在非国有企业和国有企业的分组回归分析当中，区域价格对长期债务的影响存在不同。第（2）列和第（3）列的结果表明，房地产价格升值对非国有企业的长期债务影响大于国有企业。第（4）至（6）列中的被解释变量是短期债务。可见，全样本、非国有企业组和国有企业组的回归结果均不显著。这与表 5.7 和表 5.8 当中的估测结果相同。长期债务更容易受到房地产价格的影响。表 5.10 则用 CRLPI 中的城市价格再次进行估计。无论是长期债务还是短期债务，房地产价格对非国有企业的影响都强于国有企业 [①]。

表 5.9　CRLPI 与债务：区域价格

	长期贷款			短期贷款		
	全样本（1）	非国企（2）	国企（3）	全样本（4）	非国企（5）	国企（6）
区域价格	0.018***（0.006）	0.017***（0.006）	0.024（0.014）	0.011（0.020）	0.012（0.021）	−0.033（0.044）
现金	−0.006***（0.002）	−0.006***（0.002）	−0.013（0.008）	−0.252***（0.013）	−0.253***（0.013）	−0.201***（0.022）
规模	0.001***（0.000）	0.001***（0.000）	0.003***（0.001）	0.019***（0.003）	0.019***（0.003）	0.018***（0.003）
公司初始控制 × 价格	是	是	是	是	是	是
公司固定效应	是	是	是	是	是	是
年份固定效应	是	是	是	是	是	是
观测值	1077451	1017878	59573	1077451	1017878	59573
R^2	0.714	0.696	0.846	0.787	0.784	0.864

注：此表反映了 CRLPI 和债务结构之间的关系。区域价格来自由 Wu et al.（2012）构造的 CRLPI 指数。企业层面的变量根据国家统计局年度规模以上工业企业调查（1999—2007 年）的数据计算得出。公司级变量的定义如表 5.1 所示。因变量为长期债务［第（1）至（3）列］和短期债务［第（4）至（6）列］。该表显示了公式（5-2）设定的 OLS 估计结果。所有回归分析都控制了公司初始特征（资产、规模、资产回报率以及国有企业哑变量和位置哑变量）与房价的交叉项。所有回归分析都控制了现金和规模等公司特征。所有回归分析均控制年份固定效应和公司固定效应，标准差聚类到区域一年的层级。括号中为标准误。*** 表示在 1% 的置信水平上显著。

资料来源：作者整理

---

① 我们在表 5.10 的回归中将样本只局限在 CRLP 覆盖的 10 个城市，回归结果不如表 5.9 当中的显著。

表 5.10 CRLPI 与债务：城市价格

	长期贷款			短期贷款		
	全样本 （1）	非国企 （2）	国企 （3）	全样本 （4）	非国企 （5）	国企 （6）
城市价格	0.008 （0.005）	0.011* （0.006）	−0.007 （0.014）	0.061* （0.033）	0.063** （0.030）	0.017 （0.045）
现金	−0.010*** （0.005）	−0.010** （0.005）	0.006 （0.022）	−0.364*** （0.028）	−0.369*** （0.028）	−0.250*** （0.055）
规模	0.002*** （0.001）	0.002*** （0.001）	0.004*** （0.001）	0.043*** （0.008）	0.045*** （0.008）	0.029*** （0.009）
公司初始控制 × 价格	是	是	是	是	是	是
公司固定效应	是	是	是	是	是	是
年份固定效应	是	是	是	是	是	是
观测值	144729	135157	9572	144729	135157	9572
R^2	0.760	0.747	0.862	0.832	0.830	0.880

注：此表反映了 CRLPI 和债务结构之间的关系。城市价格来自由 Wu et al.（2012）构造的 CRLPI 指数。企业层面的变量根据国家统计局年度规模以上工业企业调查（1999—2007 年）的数据计算得出。公司级变量的定义如表 5.1 所示。因变量为长期债务［第（1）至（3）列］和短期债务［第（4）至（6）列］。此表显示了公式（5–2）设定的 OLS 估计结果。所有回归分析都控制了公司初始特征（资产、规模、资产回报率以及国有企业哑变量和位置哑变量）与房价的交叉项。所有回归分析都控制了现金和规模等公司特征。所有回归分析均控制年份固定效应和公司固定效应，标准差聚类到城市—年的层级。括号中为标准误。*** 表示在 1% 的置信水平上显著，** 表示在 5% 的置信水平上显著，* 表示在 10% 的置信水平上显著。

资料来源：作者整理

　　本节的关键结论在于，长期债务对房地产价格的冲击更为敏感。此外，当使用恒定的价格指数进行回归分析时，非国企子样本的估计结果显著地更大。这些结论与第三部分基本一致。因此，经验研究证实了抵押品渠道的金融约束在中国的存在。

五、稳健性检验

　　在本节当中，我们对回归式（5–1）进行了更多设定调整，检验其稳健性。我们在表 5.11 当中针对在样本中连续三年出现的子样本进行了回归分析，证明房地产价格和公司借贷间的关系仍然成立。该设定解决了可能由选择性偏误带来的影响。表5.11是针对表5.4和表5.5设定的再回归分析。回归系数在1%的置信水平上是显著的，与表5.4和表5.5当中的系数不存在显著不同。表5.11当中的结果也能够表明，房地产价格对非国有企业的借贷行为有显著影响。

表5.11 中国房价/地价与贷款：仅保留连续三年及以上观测值的公司

	贷款					
	全样本（1）	非国企（2）	国企（3）	全样本（4）	非国企（5）	国企（6）
房价	0.017***（0.004）	0.019***（0.005）	−0.010*（0.005）	—	—	—
地价	—	—	—	0.015***（0.002）	0.016***（0.002）	−0.001（0.004）
现金	0.009***（0.001）	0.009***（0.001）	0.002（0.002）	0.009***（0.001）	0.009***（0.001）	0.000（0.002）
杠杆率	0.007***（0.000）	0.007***（0.000）	0.009***（0.001）	0.008***（0.000）	0.007***（0.000）	0.010***（0.001）
规模	0.000***（0.000）	0.000***（0.000）	0.000***（0.000）	0.000***（0.000）	0.000***（0.000）	0.000***（0.000）
初始控制 × 价格	是	是	是	是	是	是
公司固定效应	是	是	是	是	是	是
年份固定效应	是	是	是	是	是	是
观测值	295543	265410	30133	295543	265410	30133
R^2	0.692	0.694	0.724	0.692	0.695	0.722

注：此表检验了房地产价格和公司借贷之间关系的稳健性。企业层面的变量根据1999—2007年国家统计局规模以上工业企业年度调查数据计算得出。公司级变量的定义如表5.1所示。房价和地价的数据来源于中国国家统计局的70城市住房指数和70城市土地指数。此表对应的基准回归分析是表5.4和表5.5。此表回归样本仅限于至少在原样本中出现三年的公司。所有回归模型都控制了企业的初始特征（资产、规模、资产回报率、国有企业哑变量和地区哑变量）与房价的交叉项。除第（1）、（3）和（5）列外，所有回归分析都控制了现金、杠杆率和规模等公司特征。所有回归分析都使用年份固定效应和公司固定效应，标准差聚类到城市—年的层级。括号中为标准误。*** 表示在1%的置信水平上显著，* 表示在10%的水平上显著。

资料来源：作者整理

为了进一步探究金融约束和公司借贷之间的关联，我们在1999—2007年逐年度地将公司以其总资产进行排序，分为十个分位数。其中，将倒数三个十位数（倒数 30%）的公司归为小公司，将正数三个十位数（正数 30%）归为大公司。这种区分是对金融约束的一种有效的处理办法。我们分别对小公司和大公司重新估计方程（5-1）。

表 5.12 的回归结果显示，房地产价格冲击对小型公司和大型公司借贷行为的影响存在较大差异。房地产价格冲击对小公司组的影响是大公司组的两倍有余：小公司的估计系数 β_1 是 0.026，大公司的估计系数则为 0.01。这两个系数之间的差异在 1% 的置信水平上显著。表 5.13 显示了房地产价格对未来贷款行为的影响。将滞后一期的房地产价格作为控制变量纳入回归方程（5-1）的

表 5.12　中国房价 / 地价与贷款：区分公司规模

	贷款			
	小型公司（1）	大型公司（2）	小型公司（3）	大型公司（4）
房价	0.026*** （0.005）	0.010*** （0.004）	—	—
地价	—	—	0.017*** （0.002）	0.007*** （0.002）
现金	0.008*** （0.001）	0.004*** （0.001）	0.009*** （0.001）	0.004*** （0.001）
杠杆率	0.007*** （0.000）	0.008*** （0.000）	0.007*** （0.000）	0.008*** （0.000）
规模	0.001*** （0.000）	0.000*** （0.000）	0.001*** （0.000）	0.000*** （0.000）
初始控制 × 价格	是	是	是	是
公司固定效应	是	是	是	是
年份固定效应	是	是	是	是
观测值	242278	39075	242278	39075
R^2	0.718	0.670	0.718	0.669

注：此表检验了房地产价格和公司借贷之间关系的稳健性。企业层面的变量根据 1999—2007 年国家统计局规模以上工业企业年度调查数据计算得出。公司级变量的定义如表 5.1 所示。房价和地价的数据来源于中国国家统计局的 70 城市住房指数和 70 城市土地指数。此表对应的基准回归是表 5.4 和表 5.5。我们将回归样本按照公司总资产划分子样本。所有回归模型都控制了企业的初始特征（资产、规模、资产回报率、国有企业哑变量和地区哑变量）与房价的交叉项，也控制了现金、杠杆率和规模等公司特征。所有回归分析都使用年份固定效应和公司固定效应，标准差聚类到城市一年的层级。括号中为标准误。*** 表示在 1% 的置信水平上显著。

资料来源：作者整理

结果表明，对于整个样本总体和非国有企业的子样本而言，当前价格的估计系数大于滞后年份的估计系数。与预期相符，非国有企业子样本中的影响系数为正，且在统计意义上显著；国有企业子样本中的影响系数则不显著。

表 5.13　中国房价 / 地价与贷款（控制核心解释变量滞后项的再回归分析）

	贷款					
	全样本	非国企	国企	全样本	非国企	国企
房价	0.020*** （0.005）	0.022*** （0.005）	−0.004 （0.006）	—	—	—
房价滞后一期	0.003 （0.002）	0.003 （0.002）	−0.006** （0.003）	—	—	—
地价	—	—	—	0.020*** （0.003）	0.022*** （0.003）	0.001 （0.006）
地价滞后一期	—	—	—	−0.003 （0.002）	−0.003 （0.002）	−0.005 （0.004）
现金	0.009*** （0.001）	0.009*** （0.001）	0.002 （0.003）	0.009*** （0.001）	0.009*** （0.001）	0.002 （0.003）
杠杆率	0.007*** （0.000）	0.007*** （0.000）	0.009*** （0.001）	0.007*** （0.000）	0.007*** （0.000）	0.009*** （0.001）
规模	0.000*** （0.000）	0.000*** （0.000）	0.000*** （0.000）	0.000*** （0.000）	0.000*** （0.000）	0.000*** （0.000）
初始控制 × 价格	是	是	是	是	是	是
公司固定效应	是	是	是	是	是	是
年份固定效应	是	是	是	是	是	是
观测值	249569	225763	23806	249569	225763	23806
R^2	0.744	0.746	0.762	0.744	0.746	0.761

注：此表检验了房地产价格和公司借贷之间关系的稳健性。企业层面的变量根据 1999—2007 年国家统计局规模以上工业企业年度调查数据计算得出。公司级变量的定义如表 5.1 所示。房价和地价的数据来源于中国国家统计局的 70 城市住房指数和 70 城市土地指数。此表对应的基准回归是表 5.4 和表 5.5。我们将房地产价格的滞后项纳入回归。所有回归模型均控制企业的初始特征（资产、规模、资产回报率、国有企业哑变量和地区哑变量）与房价的交叉项，也控制了现金、杠杆率和规模等公司特征。所有回归分析都控制年份固定效应和公司固定效应，标准差聚类到城市—年的层级。括号中为标准误。*** 表示在 1% 的置信水平上显著，** 表示在 5% 的置信水平上显著。

资料来源：作者整理

另一项稳健性检验则是长期房地产价格增长对公司借贷的影响，以及滞后的房价如何影响公司借贷。表 5.14 是采用两年移动平均价格的回归结果，其与表 5.4 和表 5.5 是基本一致的。我们发现，全样本回归和非国有企业回归的估计系数都很大，且在 1% 的水平上显著。

表 5.14　中国房价 / 地价与贷款：两年移动平均价格

	贷款					
	全样本	非国企	国企	全样本	非国企	国企
房价	0.019*** （0.005）	0.021*** （0.005）	−0.012** （0.006）	—	—	—
地价	—	—	—	0.016*** （0.002）	0.018*** （0.002）	−0.004 （0.005）
现金	0.009*** （0.001）	0.010*** （0.001）	0.002 （0.002）	0.010*** （0.001）	0.010*** （0.001）	0.001 （0.002）
杠杆率	0.007*** （0.000）	0.007*** （0.000）	0.010*** （0.001）	0.008*** （0.000）	0.007*** （0.000）	0.010*** （0.001）
规模	0.000*** （0.000）	0.000*** （0.000）	0.000*** （0.000）	0.000*** （0.000）	0.000*** （0.000）	0.000*** （0.000）
初始控制 × 价格	是	是	是	是	是	是
公司固定效应	是	是	是	是	是	是
年份固定效应	是	是	是	是	是	是
观测值	317894	285810	32084	317894	285810	32084
R^2	0.706	0.707	0.740	0.705	0.708	0.738

注：此表检验了房地产价格和公司借贷之间关系的稳健性。企业层面的变量根据 1999—2007 年国家统计局规模以上工业企业年度调查数据计算得出。公司级变量的定义如表 5.1 所示。房价、地价的数据均来源于中国国家统计局的 70 城市住房指数和 70 城市土地指数。此表对应的基准回归是表 5.4 和表 5.5。房价和地价的移动平均值由来自中国国家统计局的 70 城市住房指数和 70 城市土地指数计算得到。所有回归模型均控制企业的初始特征（资产、规模、资产回报率、国有企业哑变量和地区哑变量）与房价的交叉项，也控制了现金、杠杆率和规模等公司特征。所有回归分析都控制年份固定效应和公司固定效应，标准差聚类到城市—年的层级。括号中为标准误。*** 表示在 1% 的置信水平上显著，** 表示在 5% 的置信水平上显著。

资料来源：作者整理

六、内生性处理

房地产价格可能与公司借贷相关（Chaney et al.，2012），这意味着不可观测的宏观因素或金融因素可能同时影响贷款发放和房地产价格。在借鉴 Mayer，Sinai（2005）和 Mian and Sufi（2011）等研究的基础上，Chaney et al.（2012）通过以地方住房供给弹性和长期按揭利率的交互项作为工具变量，解决了这一内生性问题。较低的长期按揭利率会减少房地产需求，进而影响房地产价格。由于边界因素和地理因素等是前定的，本地住房供给弹性在很大程度上也是外生给定的。

为了解决经典的内生性问题，我们以地方住房供给弹性和长期按揭利率的交互项作为房地产价格的工具变量。

本章在表 5.15 中给出了回归方程（5-3）的一阶段回归结果。表 5.15 是分别以住房指数和土地指数作为解释变量的回归结果。其中第（1）列和第（3）列是考虑 Wang et al.（2012）提供的本地住房供给弹性的回归结果，第（2）列和第（4）列则是按照不同本地住房供给弹性进行分组的城市层级回归结果。我们发现，回归方程（5-3）中第（1）列的住房指数估计系数在 10% 的水平上显著为正，而第（2）列表明，较低住房供给弹性城市（弹性的第一个四分位数）的利率下降对房地产价格的影响比高弹性城市（第三个四分位）的影响更大。第（2）列的回归结果显示，利率每下降 1% 会使住房供给弹性较低分组的城市住房价格指数上升 6.2 个百分点。较高的相关 F 统计估计表明，以住房指数为被解释变量的一阶段回归结果显示，不存在弱工具变量的问题。但是，针对土地指数的回归结果有着较大差异。第（3）列的估计系数为正，但并不显著，第（4）列中低供给弹性组的回归结果也不显著。表 5.15 中的结果使得我们主要关注基于工具变量回归的房价指数。表 5.15 所对应的二阶段工具变量回归的第一阶段结果表明，本地住房供给弹性和长期利率的交互项并不是我们所预期的强工具变量。构造的交互项变量对住房指数而言是强工具变量，而对土地指数来说是弱工具变量。这种复杂的结果表明，房地产价格的变化归因于许多其他因素。土地供给弹性或利率等基本因素无法完全解释房地产市场的繁荣现状。制度因素或心理因素对这一趋势的解释可能也很重要。中国的地方政府和中央政府都高度参与房地产市场的监管。例如，中央政府鼓励大型国有企业进入房地产市场，以便更好地控制房地产市场。除了执行中央政府的政策，地方政府也可以对住房限制政策进行调整。例如，部分城市可以放松限制，提供刺激购房的激励措施，这与中央政府的政策并不完全一致。地方政府通过提供土地来执行政策并提高收入，房价随之高企。因此，制度因素的影响很重要，来自心理因素的解释也更加符合现实。看涨房地产价格的代理人不会轻易改变预期。如果预期继续加强，住房供应增加的影响可能因此被吸收，房地产价格将随住房供应的增加而上升。Chen 和 Wen（2014）构建了一个模型来解释中国房地产繁荣的状况。在该模型当中，对资产回报的高期望导致了房地产泡沫的自我实现。总之，中国的这些典型因素促使我们相信，强工具变量在中国并不存在。

表 5.15　第一阶段回归结果：70 城市住房 /70 城市土地指数

	70 个城市住房指数		70 个城市土地指数	
	（1）	（2）	（3）	（4）
弹性 $_c$ × 利率 $_t$	0.175* （0.093）	—	0.209 （0.190）	—
第一四分位数 × 利率 $_t$	—	−6.231*** （1.991）	—	−8.500 （6.850）
第二四分位数 × 利率 $_t$	—	−2.177** （0.825）	—	−3.554* （1.950）
第三四分位数 × 利率 $_t$	—	−1.996* （0.993）	—	−3.459 （2.512）
城市固定效应	是	是	是	是

续表

	70个城市住房指数		70个城市土地指数	
	（1）	（2）	（3）	（4）
年度固定效应	是	是	是	是
观测值	315	315	315	315
R^2	0.825	0.847	0.621	0.632
F 值	54.669	55.286	6.483	6.140

注：此表显示了地方住房供给弹性和利率对中国的房价和地价的影响。房价、地价的数据均来源于中国国家统计局的 70 个城市住房指数和 70 个城市土地指数。地方住房供给弹性的数据来自 Wang et al.（2012）。长期按揭利率来自中国人民银行。被解释变量是房价和地价。所有的回归分析都控制了年度固定效应和公司固定效应，标准差聚类到城市层级。括号中为标准误。*** 表示在 1% 的置信水平上显著，** 表示在 5% 的置信水平上显著，* 表示在 10% 的置信水平上显著。

资料来源：作者整理

第一阶段的回归分析结果为将长期利率和地方房价供给弹性的交互项作为工具变量提供了支撑。表 5.16 显示了基于全样本、非国有企业和国有企业的回归方程（5-1）的回归结果[①]。列（1）到列（3）的结果显示，来自工具变量的回归系数并不显著。我们认为工具变量不够强的事实导致了估计系数的不显著。

表 5.17 报告了方程（5-2）的工具变量回归结果。表 5.16 使用住房指数进行回归分析，并分别显示了全样本、非国企组和国企组的回归结果。表 5.17 与表 5.1 的结果非常相似。其中第（1）~（3）列是采用长期债务比率进行回归分析的结果，三组回归分析均在 5% 的置信水平上显著为正。第（4）~（6）列将因变量替换为短期债务，进行了相同的回归估计。三组回归分析的结果表明，当地房价对短期债务并没有显著影响。

---

① 在表 5.16 中，我们采用自助法获得聚类标准误。首先，我们在城市—年的层级上有放回地生成随机样本，进行回归方程（5-3）的第一阶段回归分析。其次，我们将预测价格 $P_{c,t}$ 与已有的公司级数据合并，同样在城市—年的层级上有放回地生成随机样本。我们将预测价格 $P_{c,t}$ 作为自变量纳入回归方程（5-1）中，重复 500 次自举，并计算估计系数的标准误差。表 5.17 由相同的方法估计得到。

表 5.16 中国房价与地价：工具变量回归

	贷款		
	全样本（1）	非国企（2）	国企（3）
住房价格	0.002 （-0.010）	0.003 （-0.011）	0.001 （-0.015）
现金	0.009*** （-0.002）	0.009*** （-0.002）	0.002 （-0.004）
杠杆率	0.007*** （-0.001）	0.007*** （-0.001）	0.010*** （-0.001）
规模	0.000** （0.000）	0.000*** （0.000）	0.000** （0.000）
初始控制 × 价格	是	是	是
公司固定效应	是	是	是
年份固定效应	是	是	是
观测值	317894	285810	32084
R^2	0.705	0.708	0.721

注：企业层面的变量根据 1999—2007 年国家统计局规模以上工业企业年度调查数据计算得出。公司级变量的定义如表 5.1 所示。房价数据来源于中国国家统计局的 70 城市住房指数。此表显示了基于回归方程（5-1）的工具变量回归分析结果。被解释变量是贷款。所有回归模型均控制企业的初始特征（资产、规模、资产回报率、国有企业哑变量和地区哑变量）与房价的交叉项，也控制了现金、杠杆率和规模等公司特征变量。所有回归分析都控制年份固定效应和公司固定效应，标准差聚类到城市—年的层级。括号中为标准误。*** 表示在 1% 的置信水平上显著，** 表示在 5% 的置信水平上显著。

资料来源：作者整理

表 5.17 中国房价与债务：工具变量回归

	长期贷款			短期贷款		
	全样本	非国企	国企	全样本	非国企	国企
城市价格	0.158*** （0.046）	0.153*** （0.050）	0.155** （0.065）	0.059 （0.141）	0.056 （0.149）	-0.033 （0.242）
现金	-0.016*** （0.004）	-0.014*** （0.004）	-0.019 （0.012）	-0.365*** （0.032）	-0.374*** （0.035）	-0.284*** （0.041）
规模	0.001*** （0.000）	0.001** （0.000）	0.003*** （0.001）	0.019*** （0.005）	0.023*** （0.007）	0.015*** （0.003）

	长期贷款			短期贷款		
	全样本	非国企	国企	全样本	非国企	国企
公司初始控制 ×价格	是	是	是	是	是	是
公司固定效应	是	是	是	是	是	是
年份固定效应	是	是	是	是	是	是
观测值	590878	527731	63147	590878	527731	63147
R^2	0.663	0.645	0.762	0.732	0.725	0.794

注：企业层面的变量根据1999—2007年国家统计局规模以上工业企业年度调查数据计算得出。公司级变量的定义如表5.1所示。房价数据来源于中国国家统计局的70城市住房指数。此表显示了基于回归方程（5-2）的工具变量回归分析结果。被解释变量是贷款。所有回归模型均控制企业的初始特征（资产、规模、资产回报率、国有企业哑变量和地区哑变量）与房价的交叉项，也控制了现金和规模等公司特征变量。所有回归分析都控制年份固定效应和公司固定效应，标准差聚类到城市—年的层级。括号中为标准误。*** 表示在1%的置信水平上显著，** 表示在5%的置信水平上显著。

资料来源：作者整理

七、结论

本章在区分不同所有制企业的基础上研究了房地产价格冲击对中国企业借贷的影响。基于1999—2007年大样本企业级数据的回归结果，在总体意义上，房地产价格冲击对企业借贷存在显著影响，但这种影响只存在于私有企业。研究结果显示，抵押品渠道的金融限制在中国确实存在。本章提供的经验证据具有较强的经济意义，这一证据与Wu et al.（2012）的研究相反。非国有企业和国有企业借贷行为的主要差异在于，国有企业能够通过许多其他渠道满足投融资需求。例如，政治关系可以帮助国有企业获得银行贷款。由于国有银行在我国银行系统中占据主要位置，国有银行必须在为国有企业发放信贷以实现政府目标和为非国有企业发放信贷以确保盈利能力间找到平衡（Bai，Lu & Tao，2006）。中国私营企业受到较大的信贷约束的限制，主要通过抵押担保物来为投资项目进行融资。此外，我们发现，房地产的冲击会影响中国企业的债务结构。在房地产价格上涨的背景下，我国企业的杠杆率大幅提高。证据表明，抵押品确实有助于企业克服融资困难。

第六章

有效风险共担、不完全承诺与双曲贴现

双曲贴现偏好所引起的时间不一致性对于分析有效的风险分担来说非常重要。本章分析了在不完全承诺的环境下委托人与具有双曲贴现偏好的代理人之间的有效风险共担问题。本章研究结果表明，如果代理人具有双曲贴现偏好，那么过去的风险分担结果是影响不完全承诺环境下有效风险共担的重要因素。本章的模型证明，时间不一致性会导致在完全承诺和不完全承诺环境下出现不同的风险共担结果。

一、引言

消费和收入的动态特征一直是经济学的关注重点之一。个体消费和收入的波动可以帮助我们更好地理解总储蓄、资产价格等宏观变量。个体风险的研究同社会中的风险共担机制紧密相关。大量的实证研究发现，完全风险共担的市场假设和永久收入下自我保险的机制都难以得到验证（Hall 和 Mishkin，1982；Campbell 和 Deaton，1989；Deaton 和 Paxson，1994）。信息不对称的程度或承诺契约的难度通常会导致对个体风险不完全的风险共担（Kocherlakota，1996；Attanasio 和 Pavoni，2011）。现实中存在大量关于风险共担和契约有限承诺的例子。契约承诺难以履行是部分发展中国家经济所面临的重要制度问题之一。因此，发展中国家的村庄经济是风险共担研究关注的重点之一。Townsend（1994）研究了印度村庄的风险共担。在村庄经济中，居民一方面会通过储存现金和粮食作为自我保险，同时也会通过村庄共同的粮食储存来进行风险共担。Townsend（1994）发现，村庄经济中风险共担水平比理论上要低。此外，家庭中的配偶和合伙制企业中的合伙人都存在风险共担机制。我们的模型主要基于Kocherlakota（1996）的研究，通过有限契约承诺讨论风险共担的影响。Kocherlakota（1996）通过研究过去所产生的风险分担结果对当前有效风险分担的影响来区分信息不对称和承诺契约难度对消费风险的影响。

在涉及信息不对称和合同执行的基本框架下，在宏观模型中通常都假定代理人的偏好是由固定折现因子来刻画的。在本章中，我们假定代理人偏好拥有双曲贴现的折现因子，即具有时间不一致性。大量的实证研究表明，偏好具有时间不一致性。关于人类行为的研究指出，偏好的贴现函数通常为双曲贴现。双曲贴现偏好通常在短期内贴现因子较高，而在长期内贴现因子较低。现实中有大量的例子表明，偏好具有双曲贴现的特征。例如，体重超标的人会意识到需要通过锻炼和更健康的饮食来降低体重。因此，他们可能许诺在不远的将来放弃垃圾食品来改善健康状况；但是，在饭后他们会难以抵制甜点的诱惑。双曲贴现偏好对行为的影响会改变风险共担的结果。本章在已有的框架下通过研究发现，对于具有时间不一致偏好的代理人在不完全承诺契约的环境下，如果其折现因子是双曲折现因子，过去所产生的风险分担结果对有效风险分担会产生不同于已有文献中所描述的影响。

本章讨论了委托代理关系在完全承诺和不完全承诺环境下所导致的有效风险分担。我们假定代理人具有双曲贴现偏好。[1] 每一期，代理人都会收到随机的禀赋收入并把所有收入转移给委托人。随机的禀赋收入服从独立同分布。委托人同时将非负消费金额转移给代理人。在不完全承诺的环境下，代理人无法承诺未来的收入转移。

在我们的模型中，首先简要讨论代理人能够完全承诺契约的情况。我们能够严格证明，在完全承诺的环境下委托人的预期效用取决于代理人偏好的时间不一致程度。在完全承诺的环境下，相比于具有恒定折现因子的代理人，委托人能够从具有双曲贴现偏好的代理人那里获得更多的收益。在完全承诺的环境中，一旦代理人与委托人建立契约关系，代理人就能够坚持遵守契约。如果代理人具有双曲贴现偏好，其对较近的时间段内的折现要比更远时间的折现更加迅速，代理人通常更加关注当前的消费。在这种情况下，委托人可以利用代理人的时间不一致的偏好，通过在第一期提供高消费并在未来提供更低的消费来获得更多的收益。"额外"贴现因子 δ 对委托人的预期效用会产生影响。

同完全承诺环境相比，不完全承诺环境下得到的风险共担结果会发生变化。在不完全承诺环境中，由于难以执行合同，委托人必须向代理人提供更多以保证契约得到执行。此外，如果代理人具有双曲贴现偏好，我们能够证

---

① 双曲贴现偏好通常在短期内贴现因子较高，而在长期内贴现因子较低。Laibson（1997）讨论了双曲贴现偏好所导致的时间不一致性，并讨论了时间不一致性对未来消费的影响。

明有效的风险分担会受到过去所产生风险分担结果的影响。时间不一致偏好在这种环境下会导致风险分担结果随时间变化的特征不同而发生改变，而且在不完全承诺环境下，风险共担结果会依赖过去所产生的风险分担结果。因此，如果代理人具有双曲贴现偏好，在不完全承诺环境下"缺失记忆"的特征不会体现在风险共担的分配结果中[①]。"额外"贴现因子对不完全承诺问题风险分配的影响也与完全承诺问题不同。执行合同的困难以及风险共担的分配中不具备"缺失记忆"的特征导致委托人向代理人提供更多消费。因此，从长期来看，委托人从具有双曲贴现偏好的代理人那里获得的收益要低于从具有恒定贴现因子的代理人那里获得的收益。偏好中的时间不一致因素增加了不完全承诺环境下消费风险无法完全分散化的难度。

　　大量实证研究发现偏好具有动态不一致性，偏好中的折现也不相同。对人类行为的研究得出的结论是，人们往往对今天和明天之间的消费非常不耐心，但对未来的消费更加耐心。鉴于这些证据，如何理解偏好对消费风险分散化的影响成为宏观经济研究关注的重点之一。本章将试图解释在不完全承诺的环境下具有双曲贴现偏好的代理人对有效风险分担的影响。Townsend（1994）、Kalemli-Ozan et al.（2003）、Wincoop（1994）都发现风险分担的加强能够有效减少消费的波动，从而提高居民的整体福利水平。因此本章的研究对于理解并改进风险分担机制具有重要的意义。此外，相比于发达国家，我国的消费风险分担的水平还比较低，通过提升消费风险分担水平可以显著提高我国居民的福利（Xu，2008；Du et al. 2011）。何青等（2014）、赵国庆等（2010），以及洪勇（2016）通过考察我国宏观政策和金融系统的发展来解释消费风险分担水平不高的状况。本章的结论从其他角度对我国风险分担水平不高的状况给出了解释。

　　由于在不完全承诺问题中风险分担结果不存在"缺失记忆"的特征，因此难以通过递归，使用后向方法来估算策略函数。我们使用 Marcet 和 Mari-

---

　　① "缺失记忆"在经典风险分担理论中当前风险共担结果不会依赖过去所产生的风险分担结果（Kocherlakota，1996）。

mon（2011）提出的递归合同方法来跟踪风险共担问题中的历史信息。我们定义代理人的效用的权重作为状态变量的一部分。该权重是代理人所受到参与约束的乘数之和。我们将不完全承诺问题的状态进行扩展以包括代理人效用的权重，该问题的解可以通过稳定的策略函数来确定。

二、模型

我们考虑一个离散时间、无限期委托代理模型。我们用 $t=0$，1，…代表时间，不确定性由概率空间（H，$\mathcal{F}$，P）给定，且此概率空间下有一个非降的滤子 $\{\mathcal{F}_t\}_{(t \geqslant 0)}$。对每期 t，我们定义 $E_t[\cdot]$ 为关于滤子 $\mathcal{F}_t$ 的条件期望。

每一期存在一种商品可供消费。代理人能获得独立同分布的消费禀赋 $\{e_t\}_{(t \geqslant 1)}$。我们假定每一期的禀赋 e_t 具有 $S \geqslant 2$ 个正值 ω^s，$s=1$，2，$\cdots$，S。我们将禀赋值从大到小排序 $\omega^s > \omega^{(s-1)} > \cdots > \omega^1$。我们定义 e_t 等于 ω^s 的概率为 π^s。对于 $t \geqslant 1$，历史是一系列禀赋实现 $h_t = (e_1, \cdots, e_t)$。我们定义 $e_t(h_t)$ 为对应到时间 t 的禀赋实现。

假定委托人偏好是风险中性的，并对未来效用以固定因子 $\beta \in (0, 1)$ 来贴现。代理人是风险规避的，并且具有拟双曲贴现偏好。代理人第 t 期的效用函数由如下函数刻画：

$$u = u(c_t) + \delta \beta E_t \left[\sum_{t=1}^{\infty} \beta^{t-1} u(c_t) \right] \qquad (6-1)$$

其中 $\delta \in (0, 1]$，每期效用函数 u 二次连续可微，且满足 $u'(c) > 0$，$u''(c) < 0$，$\lim_{c \to 0} u'(c) = +\infty$。如果 $\delta \neq 1$，代理人的偏好满足时间不一致性。

委托人能够以固定利率 $1/\beta$ 在信贷市场进行借贷。代理人无法通过信贷市场借贷。委托人在 $t = 0$ 期能够在任何禀赋实现的结果后完全满足契约中所要求的给予代理人的承诺 $\mathbf{C} = \{c_t\}_{t=0}^{\infty}$。按照委托人和代理人间的契约在第 t 期紧随任何历史 h_t 的契约，代理人要将其第 t 期的禀赋 $e_t(h_t)$ 转移给委托人，同时委托人转移 $c_t(h_t)$ 给代理人。我们假定，相对于委托人，代理人很难对契约作出承诺。代理人可能会在委托人提出契约后的任何时间打破契约。

三、完全承诺情形

首先我们讨论完全承诺下的委托代理问题。这种关系中的委托人致力于履行其承诺，代理人在签订合同后也承诺履行契约。因此，委托人必须在第 $t=0$ 期提供可执行的契约，该契约至少为代理人提供其在自给自足情况下能获得的效用。在这个问题中，契约规定的消费分配必须遵守以下约束条件：

$$u(c_0) + \delta\beta E\left[\sum_{t=1}^{\infty}\beta^{t-1}u(c_t)\right] \geqslant u(e_0) + \delta\beta E\left[\sum_{t=1}^{\infty}\beta^{t-1}u(e_t)\right] \qquad (6\text{-}2)$$

我们定义在第 $t=0$ 期满足约束的契约集合是 Λ_0。给定契约 $\mathbf{C} \in \Lambda_0$，在第 $t=0$ 期委托人来自契约 $\mathbf{C}$ 的期望效用 $U_0^P(\mathbf{C}) = E_{-1}\left[\sum_{t=0}^{\infty}\beta^t(e_t - c_t(h))\right]$。委托人在第 $t=0$ 期的最优化问题为 $P^* = \sup_{\mathbf{C} \in \Lambda_0}\left\{U_0^P(\mathbf{C})\right\}$。

以上问题的一个关键特征是代理人的偏好表现出时间不一致。由于双曲贴现偏好，代理人的未来消费所带来的效用更低。但是鉴于代理人的承诺，委托人可以利用时间不一致性来从代理人那里获得更多利益。由此，我们可以得到如下结果：

命题 1：在完全承诺的假设下，P^* 会随 δ 的增加而下降。

根据以上的结论，我们会发现风险分担问题产生的消费分配动态特征会因代理人的时间不一致性而发生改变。当 $\delta=1$ 时，代理人的偏好具有时间一致性，委托人向代理人提供平滑消费。当 $\delta<1$ 时，代理人由于时间不一致的偏好更加偏好当前消费而不是未来消费，委托人将在第一期提供更高的消费而在这之后提供较低的消费。这一结果是由完全承诺假设下的代理人时间不一致偏好造成的。在后一种情况下，命题 1 表明，具有时间一致性偏好的委

托人可以从具有时间不一致性偏好的代理人那里获得更多好处。在接下来的数值算例小节中，我们提供了一个数值示例来描述在完全承诺问题中两种不同类型的代理人消费动态特征。

四、不完全承诺情形

在本节中，我们假设代理人不能承诺履行契约，并且可以自由地摆脱与委托人之间契约的约束。通过分析我们会发现，不完全承诺问题下的消费分配的动态特征同完全承诺问题下有很大差异。

（一）参与约束

因为代理人可以自由地摆脱同委托人之间的关系，所以可执行的契约必须至少提供其在自给自足情况下的效用。具体而言，当代理人观察到第 t 期的禀赋 e_t 并决定打破同委托人签署的契约时，代理人能够获得的效用为 $u(c_t)+\delta\beta v_{aut}$，这里 $v_{aut}=\dfrac{1}{1-\beta}\sum_s \pi^s u(\omega^s)$，是代理人在自给自足情况下延续效用。因此，对于任意 $t>0$ 和历史 h_t 可执行的契约来说，应该满足以下参与约束：

$$u(c_t(h_t))+\delta\beta E_t\left[\sum_{\tau=t+1}^{\infty}\beta^{\tau-t-1}u(c_\tau(h_\tau))\mid h_t\right]\geq u(e_t)+\delta\beta v_{aut} \qquad (6\text{-}3)$$

对于任意 $t\geq0$，我们定义 Λ_t 为委托人从第 t 期满足参与约束的所有契约所形成的集合。给定契约 $\mathbf{C}=\{c_t\}_{t=0}^{\infty}\in\Lambda_t$，委托人从第 t 期开始，即在禀赋 e_t 实现之前，能够从 $\mathbf{C}$ 获得的期望效用为 $U_t^P(\mathbf{C})=E_{t-1}\left[\sum_{\tau=1}^{\infty}\beta^{\tau-t}(e_\tau-c_\tau(h_\tau))\right]$。代理人从第 t 期开始能够从 $\mathbf{C}$ 获得的期望效用为 $U_t^A(\mathbf{C})=E_{t-1}\left[\sum_{\tau=1}^{\infty}\beta^{\tau-t}u(c_\tau(h_\tau))\right]$。委托人在第 0 期的最优化问题如下：

$$P^*(v) = \sup_{C \in \Lambda_t} \{ U_0^P(C) : U_0^A(C) \geq v \} \tag{6-4}$$

这里，$v \geq v_{aut}$ 是代理人所能够获得的最低效用。

（二）递归形式

我们将最优化问题改写为递归形式。我们可以将递归形式问题所关注的契约限定为下列契约，契约将在任意 $t \geq 0$ 时期承诺消费水平 c_t，延续效用 v_{t+1}，第 t 期开始时的延续效用 v_t，其中 v_{t+1} 是以当前禀赋 e_t 作为自变量的函数。注意在第 t 期所承诺的 v_{t+1} 是由第 t 期代理人来评估的，其并不受 δ 的影响。我们可以证明如下结果：

命题 2：假定 $\bar{v}^A = u(\omega^s)/(1-\beta)$，那么 P^* 是如下贝尔曼方程在区间 $[v_{aut}, \bar{v}^A]$ 上的解：

$$P(v) = \max_{\{c^s, v^s\}} \sum_{s \in S} \pi^s (\omega^s - c^s + \beta P(v^s)) \tag{6-5}$$

满足以下约束条件：

$$\sum_{s \in S} \pi^s (u(c^s) + \delta\beta v^s) \geq v \tag{6-6}$$

$$U(c^s) + \delta\beta v^s \geq u(\omega^s) + \delta\beta v_{aut}, \ \forall s \in s \tag{6-7}$$

$$(v^s, c^s) \in [v_{aut}, \bar{v}^A] \times [\omega^1, \omega^s], \ \forall s \in s \tag{6-8}$$

在以上这类问题中，方程（6-6）称为承诺保持约束，承诺保持约束确保前一期承诺给代理人的延续效用能够得到有效执行。方程（6-7）是参与约束，方程（6-7）需要保证对于每一个当前禀赋状态成立。在以上的最优化问题中，只有参与约束会受到代理人的时间不一致性偏好影响。由于承诺保持约束反映对前一期代理人的承诺，并不是对当前期代理人的承诺，承诺保持约束并不依赖于 δ。给定以上优化问题的递归特征，我们可以得到如下结果：

引理 1：P^* 在区间 $[v_{aut}, \bar{v}^A]$ 上是严格递减和严格凹的，并在区间 $(v_{aut}, \bar{v}^A)$ 上连续可微。

（三）递归问题求解

由于以上问题中委托人的值函数 P^* 是严格凹的并连续可微，我们可以利用凹规划方法来寻求以上问题的解。我们定义 μ 是承诺保持约束的拉格朗日乘子，λ^s 是禀赋，是参与约束的拉格朗日乘子，关于 c^s 和 v^s 的一阶条件如下：

$$(\lambda^s + \mu \pi^s) \, u'(c^s) = \pi^s, \qquad (6\text{-}9)$$

$$\lambda^s \delta + \mu \pi^s = - \pi^s P^{*\prime}(v^s) \qquad (6\text{-}10)$$

根据式（6-9）和（6-10）可以得到如下结果：

$$u'(c^s) = - \frac{\lambda^s \delta + \mu \pi^s}{(\lambda^s + \mu \pi^s) \, P^*(v^s)} \qquad (6\text{-}11)$$

以上的结果说明，代理人的双曲贴现偏好将导致最优契约依赖于前期的状态。此外，由于 P^* 是连续可微的，根据包络定理可以得到如下结果：

$$P^{*\prime}(v) = - \mu \qquad (6\text{-}12)$$

这一结果说明，委托人的值函数是关于承诺的延续效用递减函数。在以下的分析中，我们将根据不同的 v 来考虑两类状态：（1）激励相容约束并没有作用，即对于那些禀赋状态使得 $\lambda^s = 0$；（2）激励相容约束起到作用，即对于那些禀赋状态使得 $\lambda^s > 0$。

1. 约束不严格情况

如果 $\lambda^s = 0$，关于 v^s 的一阶条件（6-10）可以简化为 $P^{*\prime}(v^s) = - \mu$，然后根据包络定理，可以得到 $P^{*\prime}(v^s) = P^{*\prime}(v)$。由于值函数是严格凹的，可以得到 $v^s = v$。这意味着许诺的延续效用同前一期一致。根据关于 c^s 的一阶条件（6-9），可以得到 $u'(c^s) = -1/P^{*\prime}(v)$，这说明消费并不依赖于当前的禀赋，只是依赖于许诺的延续效用。这一结果同 Kocherlakota（1996）得出的结果很类似：当在某些状态下参与约束并未产生效果，延续效用将保持一致，同时代理人的消费不会受到个体风险的影响。在本章的框架下，由于偏好的时间不一致性只影响了参与约束，也产生了类似的结果。

2. 约束不严的情况

在某些状态下参与约束产生效果，即 $\lambda^s>0$。利用包络定理和一阶条件（6-9）和（6-10），我们发现：

$$\frac{P^{*\prime}(v^s)}{\delta} + \frac{1}{u'(c^s)} = P^{*\prime}(v)\left(\frac{1}{\delta}-1\right) \tag{6-13}$$

此外，由于激励相容约束也产生效果，就会有如下结果：

$$u(c^s) + \delta\beta v^s = u(\omega^s) + \delta\beta v_{aut} \tag{6-14}$$

方程（6-13）和（6-14）可以决定最优契约选择 (c^s, v^s)。显然，我们可以得到如下结果：

命题 3：在不完全承诺问题中，当参与约束产生效果，"缺失记忆"的特征并不存在，最优契约要依赖于过去承诺的效用 v。

命题 3 显示最优契约 (c^s, v^s) 不仅依赖于禀赋 ω^s，而且依赖于期初许诺的效用 v。因此，与 Kocherlakota（1996）得出的结论不同，无论代理人是否激励相容，这里的最优配置总是要依赖于 v；即使代理人受到约束的影响，委托人也不会忘记过去的历史收入。此外，也可以通过不同的角度来解释。假设 $\delta=1$，方程（6-13）可化简为：

$$\frac{1}{u'(c^s)} = -P^{*\prime}(v^s) \tag{6-15}$$

即在帕累托边界上，效用比 $1/u'(c^s)$ 和当前模型状态变量相对应。这一效用比可以作为充分统计量来刻画有效配置的变化。相反，当 $\delta<1$，$1/u'(c^s)$ 这一充分统计量的性质并不存在。从方程（6-10）我们可以看到，为决定当前经济在帕累托边界的位置，需要前一期的信息。时间不一致性要求委托人根据之前的历史情况来更多地补偿代理人。因此，当代理人的偏好显示时间不一致性，并且无法对当前的契约做出承诺，偏好的时间不一致性就能够使资源配置的不同动态特征产生。

接下来，我们主要研究最优配置 (c^s, v^s) 的动态特征。假定参与约束

在 (v, s) 和 $(\tilde{v}, s)$ 都产生效果，同时 $\tilde{v} > v$，根据值函数严格凹的特性，有 $P^{*\prime}(v) > P^{*\prime}(\tilde{v})$。因此，当 $\delta \in (0, 1)$ 时有如下不等式成立：

$$\frac{P^{*\prime}(v^s)}{\delta} + \frac{1}{u'(c^s)} > \frac{P^{*\prime}(\tilde{v}^s)}{\delta} + \frac{1}{u'(\tilde{c}^s)} \tag{6-16}$$

根据参与约束，可以得到：

$$\frac{P^{*\prime}(v^s)}{\delta} + \frac{1}{u'^{-1}(V_{s,aut} - \delta\beta v^s)} > \frac{P^{*\prime}(\tilde{v}^s)}{\delta} + \frac{1}{u'^{-1}(V_{s,aut} - \delta\beta\tilde{v}^s)} \tag{6-17}$$

这里 $V_{s,aut} = u(e^s) + \delta\beta v_{aut}$，根据值函数的严格凹性，可以得到 $v^s < \tilde{v}^s$，从而推出 $c^s < \tilde{c}^s$，当代理人受到参与约束的影响，前一期被承诺的延续效用越高，那么当前的消费就越低。当参与约束发挥效用时，有效的配置需要考虑之前的信息。以上关于有效配置的比较静态分析显示，在获得更高收入的时期，具有双曲贴现效用的代理人将得到更好的延续效用，即代理人的消费增长更快。这一结果是由时间不一致偏好造成的。

由于在参与约束产生效用的情况下"缺失记忆"的特征并不存在，委托人不得不提供更多的激励来保证契约的执行。即委托人不得不把更多的消费转移给具有时间不一致性偏好的代理人。在契约不完全承诺的环境下，委托人的期望效用要比完全承诺环境下低很多。命题1显示，委托人能够利用具有时间不一致性偏好的代理人在完全承诺环境下获得更多的效用，但是在不完全承诺的环境下，委托人不得不牺牲未来的消费来防止代理人打破当前的契约。因此，可以得到下面的结论。

命题4：在不完全承诺的环境下，P^* 在长期随着 δ 的增加而增加。

五、数值算例

在这一部分，我们将用一个例子来讨论以上的委托代理框架。在这一部分，代理人具有独立同分布的禀赋过程，其分布为 $P(e_t = \omega_s) = \frac{1-\lambda}{1-\lambda^s}\lambda^{s-1}$，

这里 $\lambda = 0.95$，$\omega_s = s+5$，$s = 1$，2，$\cdots$，20。代理人的效用函数是 $u(c) = (1-\eta)^{-1}c^{1-\eta}$，$\eta$ 是代理人的相对风险厌恶系数。假定参数（β，η）=（0.5，0.5）。这里我们利用 Marcet 和 Marimon（2011）的方法求解以上问题。

图 6.1 刻画了在完全承诺的环境下给定以上禀赋假设，两类不同代理人的消费随时间变化的特征。当代理人偏好满足 $\delta = 1$ 时，可以获得完全平滑的消费流；当代理人偏好满足 $\delta = 0.8$ 时，消费动态特征完全不同。在第一期，委托人将更加偏好"当前"的代理人提供更高的消费，而在第一期后由于代理人一旦同委托人签订契约就将完全执行，委托人将提供更低的消费。显然，委托人将从更加偏好"当前"的代理人手中获得更多的好处。

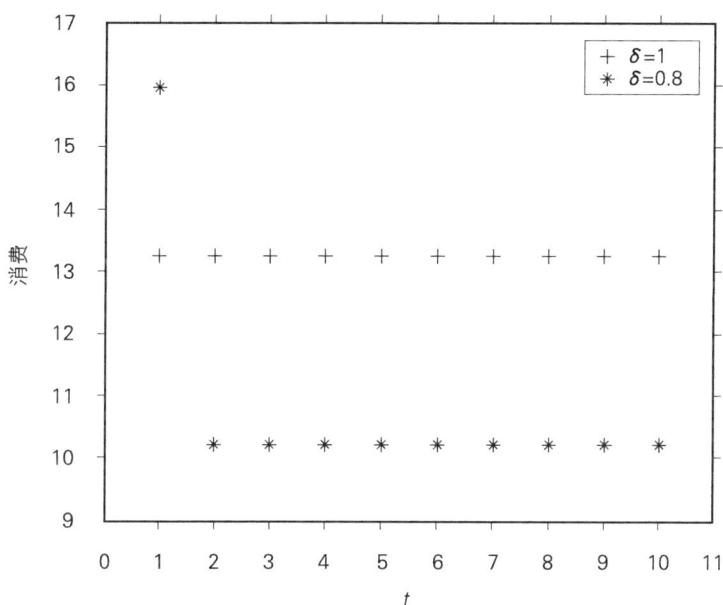

图 6.1 完全承诺情形下的消费路径

资料来源：通过模型计算的数据

图 6.2 刻画了不完全承诺的环境下的最优契约。从同一初始状态开始，进行 50000 次独立的 100 期模拟，对于不同 δ 估计平均的最优配置。模拟结果同之前的结论一致，平均消费和代理人的终生效用随时间上升，同时拉格朗日乘子 χ 也沿最优路径上升。

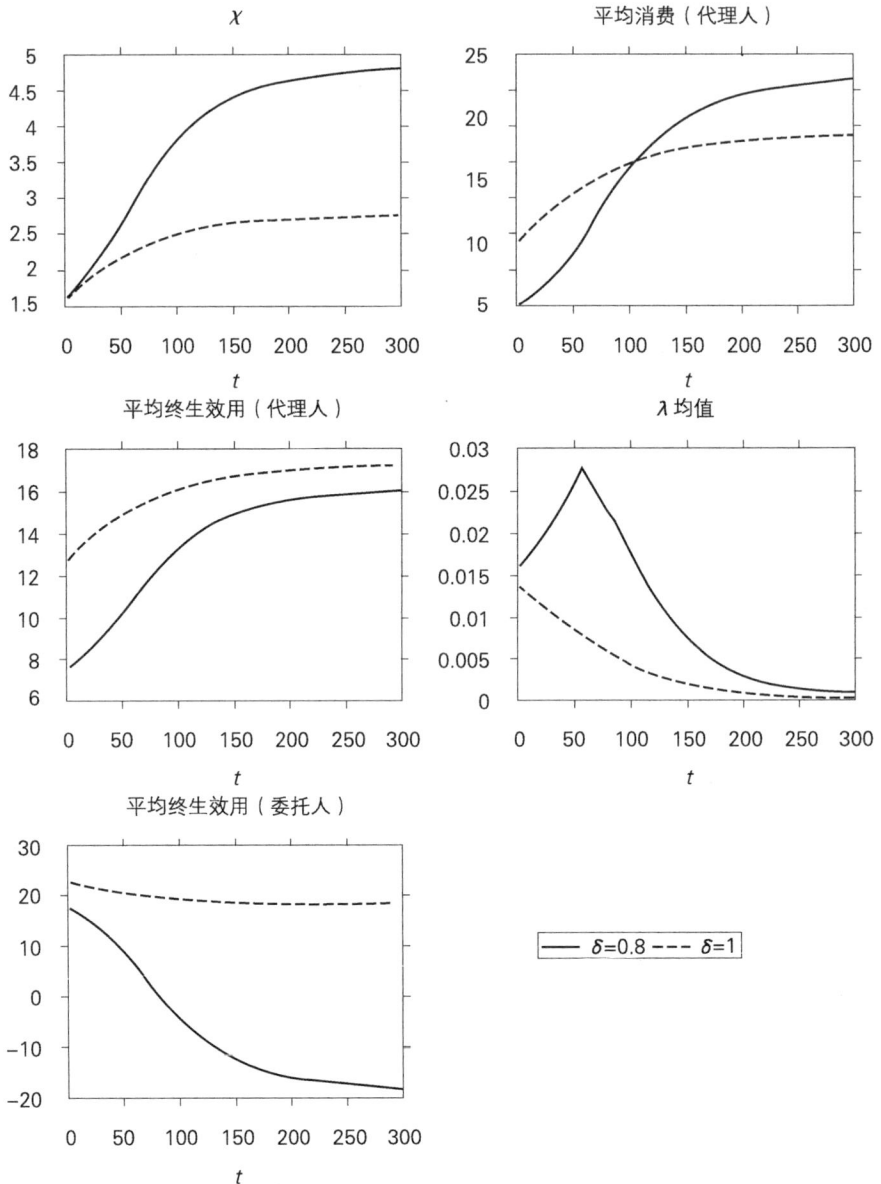

图6.2 不完全承诺情形，50000 次模拟的平均值

资料来源：通过模型计算的数据

图6.2 也证实了之前的结论。当参与约束产生效用时，委托人仍旧考虑之前实现的禀赋，并给代理人提供更多的消费。当 δ =0.8 时，模拟得到的关于代理人消费的时间序列相对于 δ =1 时的消费有更高的增长率。同时我们发

现，最终代理人偏好满足 $\delta=0.8$ 时的消费将超出 $\delta=1$ 时的消费，即使初始阶段消费水平更低。这意味着，由于参与约束发挥作用，最优的配置需要考虑之前的收入禀赋，委托人将给具有双曲贴现偏好的代理人提供更高的消费来防止代理人打破契约。图 6.2 也显示了完全承诺环境和不完全承诺环境下结果之间的差异。考虑长期消费，在不完全承诺的环境下具有双曲贴现偏好的代理人将获得更高水平的长期消费，而且资源的动态配置也同完全承诺环境不同。在完全承诺环境下，委托人了解代理人会遵守契约，并且代理人的偏好有时间一致性，因此委托人能够获得更多的资源。相反，在不完全承诺的环境下，委托人知道代理人不会总是遵守契约。此外，时间不一致的偏好会导致最优配置依赖过去发生的最优配置，因此委托人必须提供给代理人更高的消费来保证契约执行。

六、结论

本章研究了在不完全承诺环境下当代理人具有双曲贴现偏好时的风险共担问题。双曲贴现偏好所导致的时间不一致性使我们的模型相比于传统模型能够产生更加丰富的消费动态特征。尤其是"记忆缺失"的特征在我们的模型中并不存在，使得不完全承诺环境下的风险共担模型的消费动态特征同实际消费数据更加一致。此外，由于过去实现的收入会影响消费配置，我们发现代理人偏好的时间不一致性将在代理人获得高收入时，可能促使其在未来获得更高收入。偏好的时间不一致性降低了风险分担水平，并加大了消费的波动性。最后，在不完全承诺的环境下，偏好的时间不一致性也会导致委托人的福利发生改变。委托人为防止代理人打破契约，需要转移更多的消费给代理人，从而导致委托人长期的福利降低。本章的结论对于理解风险分担机制提供了重要的启示。

第七章

风险共担的匹配、内生风险选择和道德风险

　　本章主要讨论了个体之间的风险匹配对风险共担的影响。基础的风险共担匹配理论通常预测个体之间会存在负向选择性匹配。在风险共担机制下，风险偏好个体通常会同风险厌恶个体共担风险，即风险厌恶个体会向风险偏好个体支付更高的风险溢价。但是负向选择性匹配同实证性研究和实验性研究的结论并不一致。本章讨论了给定内生风险和道德风险的假设选择性偏好可能出现的结果。本章的结论可以帮助我们更好地理解风险共担机制。

一、引言

现代经济学见证了社会保险制度的加速发展，同时收入波动性也显著增加。人们一致认为，在更大的单位之间有效的风险分担是不被接受的（Townsend，1994），但个人已经被证明可以建立非市场机构，例如家庭内部消费保险的转移（Kotlikoff and Spivak，1981；Rosenzweig，1988；Rosenzweig and Stark，1989；Ligon et al.，2002；Fafchamps and Lund，2003；Hess，2004）。婚姻在执行和监督方面具有内在的优势，它允许家庭做出事前的有效决定，对夫妻双方而言，这种决定并不一定与不确定性消失后做出的事后决定具有时间一致性。

婚姻和亲属关系网络的形成在更广泛的层面上影响着风险分配。印度家庭从遥远的村庄为女儿找适婚对象，以减少气候和生产冲击的相关性。此外，家庭是否能够通过家庭关系在婚后缓解消费不足的问题，对其对市场上金融资产的事前评估或通过生产资源承担风险的意愿具有重要影响。这反过来又具有一般均衡的含义。当风险的性质是婚姻决策过程中主要关注的问题时，询问这种长期但非正式的风险分担伙伴关系的组成是正当合理的。

标准模型预测了竞争均衡中的负排序模式——风险厌恶程度最高的男性将与风险厌恶程度最低的女性匹配，风险厌恶程度第二高的男性将与风险厌恶程度第二低的女性匹配（Chiappori and Reny，2006；Legros and Newman，2007；Schulhofer-Wohl，2006）等等。这个结果是直观的。风险厌恶程度较低的代理人是保险的好卖家，而风险厌恶程度较高的代理人是保险的好买家。稳定的匹配必须反映出这种买卖双方风险共担的性质。

然而，标准模型当中的负选型匹配并不能与现有的经验研究和实验研究相互印证。婚姻在教育、工资和财富等因素上呈现出正选型匹配的特征（Becker，1973，1974；Lam，1988；Charles and Hurst，2003），这些因素决定了个体的风险态度。负选型匹配所得出的预测也对大多数研究风险分担的实证文献形成挑战，这些文献通常假设群体中的成员有相同的风险偏好（可参见Altug and Miller，1990；Townsend，1994；Hayashi et al.，1996）。在集体贷款项目中，代理人组成团队以为自己的项目申请信贷，并共同持有债务。来自团体贷款项目的证据表明，代理人偏好与至少和自己一样安全的人配对（Stiglitz，1990；Conning，1999；Ghatak，1999）。在 Di Cagno et al.（2011）的研究情境下，代理人有机会将财富分配于不同的风险性彩票，并与合作伙伴根据事前约定的规则分享收益。研究表明，代理人会选择与其自身风险厌恶程度相似的参与者结为合作伙伴。

本章第一部分提出了一个简单的模型，以弥合标准理论模型与经验文献、实验文献之间的鸿沟。区别于标准模型，我们假设个人收入是内生的而非外生的，个体相互匹配以分担风险。在现实中，个人拥有不同类别的风险管理工具。例如，他们可以接受进一步的培训以获得晋升；如果他们怀疑某些行业的表现可能比平均水平差，就分散投资项目；他们可以选择如何将财富投资于不同风险的资产，并使用许多其他工具。我们在研究中考虑了这样一种情况：代理人可以付出私人成本控制他们所共同面临的风险均值或方差。这一设定对风险分担伙伴关系的分类模式有重要影响。本章意在为匹配、风险分担和风险控制的共同决定提供一种解释。

我们主要研究一个由男性和女性构成的社会，成员均具有恒定的绝对风险厌恶水平（CARA，Constant Absolute Risk Aversion），根据其阿罗—普拉特风险厌恶水平进行排序。个体收入独立于正态分布，代理人有机会联姻以分担风险，同时也可以在匹配后共同努力降低风险。当代理人无法控制其收入的风险时，风险厌恶程度较低的代理人会选择支付较高风险溢价并选择风险厌恶程度较高的伙伴，而风险厌恶程度较高的代理人则会选择提供保险并选择风险厌恶程度最低的伙伴。然而，当代理人能付出努力管理其收入的方差时，选择的方向可能会改变。风险厌恶程度较低的代理人会避开要求他们在降低风险方面付出过多努力的高度风险厌恶伙伴，而高度风险厌恶的代理人会避开不愿付出努力降低风险的低风险厌恶伙伴。这样，第二种效应可能占主导地位，并最终导致正选型匹配。

本模型同样适用于成立合资企业。在经济不确定性仍存在的当下，公司转向于选择联盟企业或是合资企业，而非合并和收购。在合资企业当中，两个或两个以上的母公司同意向初创企业提供资源，尤其是以风险共担为目的为共同收益而运作。这些母公司通常都来自相关的商业市场或是地域市场。公司有一系列工具用以控制风险，具体包括选择特定风险水平的项目，运营其自身的风险管理部门，雇用其他公司来管理非系统性风险等。这样，我们的模型提供了一种有效的方法来分析合资企业形成的市场均衡。

由 Laczó 和 Gierlinger（2012）提出的模型为正选匹配提供了另一种解释，分别在婚姻市场的完全契约和不完全契约的条件下分析类聚效应，研究表明，契约的完备程度决定了类聚效应的形式。对于不完全契约，代理人可以不予遵守而离婚。这要求转移规律是自执行的，换言之，婚姻中的伴侣愿意在任何时刻和任何情境下选择遵守契约。约束条件下的不完全契约意味着风险厌恶程度更高的代理人相对受限更少，可强制执行的转让更适合规避风险程度较高的代理人，这意味着风险厌恶程度更高的代理人更有吸引力。在完全契约的条件下，风险厌恶程度越高的代理人更偏好于风险厌恶程度最低的代理人，后者可以提供良好的保险；在不完全契约条件下，风险厌恶程度更高的代理人会选择避免风险厌恶程度最低的伙伴，这些伙伴只能提供非效率的风险分担规则，最终导致正选配对。

Laczó 与 Gierlinger（2012）和本章都对正选匹配的逻辑进行了分析。不同之处在于，Laczó 与 Gierlinger（2012）的研究认为代理人契约能力的缺乏是一个可能的原因，而本章研究表明代理人控制风险的能力是另一个可能的原因。在少有签订正式风险分担合约的婚姻市场当中，由于缺乏执行承诺的制度而导致的承诺缺乏可能是一个关键原因。在其他情况下，如合伙企业和合资企业的成立，通常会签署正式的风险分担合同，代理人往往会信守承诺。在这种情况下，公司设立风险控制部门来管理风险，其控制风险的能力是正选匹配的一种决定性因素。我们认为这两种因素都非常重要，在解释正选配对的原因方面互相形成补充。

非正式的风险分担协议总是涉及道德风险。例如，在农业生产中，历史上在世界各地盛行的分成制需要地主和佃户之间的匹配，存在严重的道德风险问题。在分成制中，土地所有者允许佃户使用土地，以换取一份产出。他们结成伙伴关系，并建立共享规则以平滑消费，但如果租户所付出的努力不可观察或不易验证，则很难遵守共享规则。因此，非正式保险下的风险分担不仅依赖于人们的互动，还依赖于解决道德风险问题的适当激励。

本章第二节构建了一个简单的模型，用于分析存在单边道德风险的条件下，在由异质性委托人和代理人组成的市场中的匹配模式。特别地，我们假设两个群体中的风险厌恶个体必须合作生产和分享产出，代理人投入努力来影响预期产出水平和项目的风险水平，这决定了产出的分布[①]。在基准模型中，我们只引入一种人们偏好的异质性，即风险规避的异质性。个体有不同程度的风险厌恶，并了解彼此的风险态度。我们模型的另一个关键要素是，将道德风险问题纳入内生关系的形成中。一旦形成配对，代理人就会努力在项目中实现更高的平均产出和更低的风险。若代理人的行为不可观察时，就会出现道德风险问题。在这种情况下，委托人必须提供适当的激励，以确保代理人在最大程度上付出努力。

我们比较了两种情况下委托人与代理人之间的均衡匹配。在情形 1 中，代理人主要致力于增加平均产出；在情形 2 中，代理人则同时管理均值和方差。我们发现，如果代理人的努力只能影响产出的平均值，那么匹配模式是负向的，道德风险问题对匹配模式没有影响。然而，如果代理人能够努力降

---

① 作物产出的分布内生于地主和佃户之间的关系，受到佃户的投入和农耕方法的影响，包括灌溉系统的选择、种植的时间、施肥水平和选择等，可参见 Townsend（1994）和 Wang（2013）。

低收入风险，那么道德风险问题可以逆转匹配模式，并推动匹配模式向正向发展。如果个体的努力是不可观察的，则正匹配模式更有可能。从风险分担效率的角度来看，让风险厌恶程度较低的委托人与风险厌恶程度较高的代理人匹配是有效的。因此，我们的结果表明，道德风险的存在导致匹配阶段的风险分担效率低下。道德风险导致风险分担效率低下并非奇事。经典委托代理模型中的权衡通常发生在给定委托代理配对的条件下的激励和保险之间。为了激励代理人付出努力，必须使风险分担规则偏离有效水平。我们的研究发现，道德风险可能导致风险分担无效率的另一层面是——道德风险使匹配模式偏离了其最有效的模式。我们的结果也为实证当中正序或混合排序的现象提供了一个可能的解释（关于经验证据的总结，可参见 Li et al.，2013）。这些经验证据表明，现实当中的匹配总是肇因于其他动因，舍弃了风险分担中的效率。我们证明了，在存在道德风险的条件下提供激励正是这样的一种动因。

本章对现有关于风险分担匹配的文献形成了较好的补充。在我们的模型设定当中的关键要素之一是内生性风险。尽管 Li et al.（2013）和 Wang（2013）已经研究了存在内生风险时的风险分担型匹配，并发现允许个体控制风险可以改变匹配的模式，但并没有将道德风险纳入研究框架当中。引入道德风险问题后，我们发现匹配更有可能是正向的。这一附加的渠道阻碍了高度风险厌恶的委托人与风险厌恶程度较低的代理人进行配对。在相同的激励方案下，一个风险厌恶程度较低的代理人会更少地做出降低风险的努力。为了避免这种激励问题，一个高度风险厌恶的代理人更不愿意进行降低风险的努力。因此，这种影响导致了更为正向的匹配。

在关于内生匹配与激励问题关系的文献中，很少有关于风险分担匹配的研究。Serfes（2005）讨论了风险中性委托人和风险厌恶代理人之间的内生匹配。当每个委托人被赋予受外生风险影响的资产，并且代理人可以努力影响平均产出水平时，他证明了均衡中的匹配模式是负向的：拥有高风险项目的委托人与风险厌恶程度较低的代理人相匹配。Serfes（2008）使用分配博弈来分析委托人和代理人数量有限时的匹配情况。Franco et al.（2011）讨论了道德风险如何影响工人之间的匹配模式。生产技术的形态和道德风险的存在共同决定了匹配模式。Ghatak 和 Karaivanov（2013）采用了一种代理人能力异质条件下租户和佃户相匹配的模型设定。房东和租客共同生产产出，其产出取决于双方不可观测的努力。研究表明，道德风险的存在颠倒了最优情形下的匹配模式。Wang（2013b）提出了异质风险厌恶型雇主和员工之间的内生匹配模型，以研究具有道德风险的风险分担问题。在该模型中，代理人的努力只会影响输出的平均值，而不会影响输出的风险，而输出的风险服从拉普拉斯分布，她指出代理问题可能会改变匹配模式。

我们的研究与现有研究有两个主要的不同。第一，不同于大部分文献都考虑风险中性的委托人和风险厌恶的代理人之间的匹配，并聚焦于激励层面的影响，我们的研究考虑了风险厌恶的代理人和风险厌恶的委托人之间的匹配，并且在风险分担和激励两个层面进行研究。第二，现有研究主要考虑内生性的平均产出和外生性的风险，我们同时研究了内生性的平均产出和内生性的风险。然而，在很多情况下，产出的风险是一个非外生的选择变量，是风险偏好的函数。因此，产出的风险并不像通常情况下那样独立于偏好而存在。

二、内生风险选择模型

考虑一个婚姻市场，具有 N 位男性 $\{i=1,\cdots,N\}$ 和 N 位女性 $\{j=1,\cdots,N\}$ 的双边结构。代理人有 $u(c)=\dfrac{1-e^{-rc}}{r}$ 形式的 CARA 效用函数。两类中的个人被按照其绝对风险厌恶程度进行排序，其中风险厌恶系数 r_i，$r_j \in [\underline{r}, \overline{r}]$。$\tilde{y}_i$ 和 $\tilde{y}_j$ 分别代男性 i 和女性 j 的收入，服从分布 $\tilde{y}_i \sim N(\mu_i, \sigma_i^2)$，$(\tilde{y}_j) \sim N(\mu_j, \sigma_j^2)$。个人可以付出努力，通过调整 μ_i，σ_i，μ_j，σ_j 来管理收入。假

设达成（μ_i，σ_i^2）的成本是 ψ（μ_i，σ_i^2）。同时，假设提高均值和降低方差存在成本，且边际成本是递增的，有 $\psi_1 > 0$，$\psi_2 < 0$，$\psi_{11} > 0$，$\psi_{22} > 0$。其中，ψ_i 和 ψ_{ii} 分别代表成本函数 ψ 对第 i 项进行一阶和二阶求导。

博弈的时间点如下。在第 0 期，每个代理人自愿与一位异性结为对子。每对伴侣（i，j）承诺选择一组均值和方差组合 $\{(\mu_i, \sigma_i^2), (\mu_j, \sigma_j^2)\}$，以及制定一个在不同状态下共享他们收入的规则。在第一期，代理人按照先前承诺的行为来管理收入。此后，冲击后的取值已经确定，代理人按照先前承诺的分享规则进行消费。在本模型中，我们不考虑搜寻摩擦或是合作摩擦，也不考虑有限承诺、隐藏信息和隐藏行动。

或有观点认为，合作选择努力减少均值和方差的假设过强。有两方面内容有益于支撑这一假设。其一是，引入道德风险可能会颠覆匹配模式（Legros 和 Newman，2007），因此，若行为人的努力选择是可观测的和可执行的，得出一个类似的有趣结果将是合理的。其二是，如果行为人的努力选择是非合作的，那么这种选择将取决于分享规则，以等同于总体确定性等价为目标来履行合作变得不再可能。

将一对伴侣（i，j）的家庭收入定义为 $\tilde{Y}_{ij} = \tilde{y}_i + \tilde{y}_j$，有 $\tilde{Y}_{ij} \sim N(\mu_i + \mu_j, \sigma_i^2 + \sigma_j^2)$。伴随婚姻而来的是一种收入分享规则 $c_{ij}(Y_{ij})$，这一规则确定了当每一（$\tilde{Y}_{ij}$）取值确定时的个体消费。在这一共识下，丈夫 i 的期望效用是 $Eu_i[\tilde{Y}_{ij} - c_{ij}(\tilde{Y}_{ij}) - \psi(\mu_j, \sigma_j^2)]$。

由于个体始终有保持单身的选择，我们将集中讨论个体理性的分享规则，即在商定的共享规则下，男性和女性的期望效用取值至少与其保持单身的状态下相同。

定义 1：结果由匹配 M 和每个匹配对的收入分享规则集合 $\{c_{ij}(\cdot)\}_{i,j}$ 构成。结果在如下情况下是稳定的：（1）不存在已匹配的个人更加偏好于单身；（2）不存在匹配对（i^*，j^*）和共享规则 $c'_{i^*, j^*}(\cdot)$ 可以使双方的共同收益高于其实际选择。

定义 2：当且仅当对于任意的 i，i'，j，j'，男性 i 与女性 j 相互匹配，男

性 i' 和女性 j' 相互匹配且满足下述条件时，匹配对是正选型配对（负选型配对）。

$$r_{i'} \geq r_i \Leftrightarrow r_{j'} \geq (\leq) r_j \cdot \qquad (7-1)$$

作为稳定的结果，必须以帕累托有效的方式来分担收入风险，以确保任何代理人的预期效用都在不降低其合伙人效用的情况下增加。这要求消费分配满足相互性原则（Wilson，1968），即每个代理人的消费仅取决于总收入 $\widetilde{Y}_{ij}$。当且仅当以下条件成立时风险分担规则 $c_{ij}(Y_{ij})$ 是帕累托最优的：存在标量 $\lambda \in R_{++}$，使得风险分担规则 $c_{ij}(Y_{ij})$ 可以求解以下最大化问题：

$$\max_{c_{ij}} \{ Eu_i [\, \widetilde{Y}_{ij} - c_{ij}(\widetilde{Y}_{ij}) - \psi(\mu_i, \sigma_i^2)\,] + \\ \lambda Eu_j [\, c_{ij}(\widetilde{Y}_{ij}) - \psi(\mu_j, \sigma_j^2)\,]\} \qquad (7-2)$$

上述匹配问题难以求解，因为风险分担本质上是非线性的，并且效用在不同主体之间不可转移。然而，具有 CARA 效用时，风险分担匹配问题可以采用一个可转移的期望效用表示，正如以下引理所指出的那样。

引理 1：给定均值 μ_i，μ_j 和方差 σ_i^2，σ_j^2，家庭（i，j）的确定性等价对于任意有效的风险分担规则来说都是恒定的，由下式给定：

$$C_{ij} = (\mu_i + \mu_j) - \frac{R(\sigma_i^2 + \sigma_j^2)}{2} - [\psi(\mu_i, \sigma_i^2) + \psi(\mu_j, \sigma_j^2)] \qquad (7-3)$$

其中，$R = \dfrac{r_i r_j}{r_i + r_j}$ 是代表性代理人 i 和 j 的阿罗—普拉特风险厌恶系数。

上述引理表明，若两个代理人相互匹配以分担风险，家庭的确定性等价与在全部收入都被风险厌恶系数为 R 的代表性代理人消费时的家庭确定性等价水平相等同。由于 $r_i, r_j \in [\, \underline{r}, \overline{r}\,]$，可以得出 $R \in [\, \underline{R}, \overline{R}\,]$，其中，$\underline{R} = \dfrac{\underline{r}}{2}, \overline{R} = \dfrac{\overline{r}}{2}$。该引理也说明，尽管效用是不可转移的，确定性等价在家庭当中确实是可转移的。类似于 Becker（1973）的研究，如果家庭的确定性等价在伴侣类型（r_i, r_j）上是次模的（超模的），即 $\dfrac{\partial^2 C_{ij}}{\partial r_i \partial r_j} \leq (\geq) 0$，则匹配是负选型（正选型）匹配。由于确定性等价在家庭当中是可转移的，稳定匹配可以最大化社会确定性等价 $\sum_{ij} C_{ij}$。

（一）外生性均值和方差

假设均值和方差都是外生给定的。从（7-2）式中可以得到 $\dfrac{\partial^2 C_{ij}}{\partial r_i \partial r_j} =$ $-\dfrac{\sigma_i^2 + \sigma_j^2}{2} \dfrac{\partial^2 R}{\partial r_i \partial r_j}$。根据 R 的表达式，可以进一步得到：

$$\frac{\partial^2 R}{\partial r_i \partial r_j} = \frac{2\, r_i\, r_j}{(r_i + r_j)^3} > 0 \tag{7-4}$$

因此，有 $\dfrac{\partial^2 C_{ij}}{\partial r_i \partial r_j} < 0$，得到均衡状态下的逆选型匹配（Negative Assortative Matching，NAM）。

命题1：在给定收入均值和方差的条件下，风险分担博弈的稳定匹配对于伴侣对的阿罗—普拉特风险厌恶程度是负选型匹配。

对于外生的均值和方差，标准模型下的逻辑仍然成立。一个更加规避风险的代理人是保险的好买家，而一个风险规避程度较低的代理人则是保险的好卖家。稳定匹配必须反映这种风险分担中的买卖关系。具体而言，在外生给定收入的条件下，家庭的确定性等价 C_{ij} 是代表性代理人风险厌恶系数 R 的线性递减函数。因此，C_{ij} 在 (r_i, r_j) 上是次模的就等价于 R 在 (r_i, r_j) 上是超模的，这也确实成立。R 在 (r_i, r_j) 上是超模的，意味着在 i 的伴侣 j 风险厌恶程度较高（较低）时，代表性代理人的风险厌恶系数 R 在代理人 i 风险厌恶程度上升时的上升幅度较大（较小）。

（二）内生性均值和外生性方差

在本节中，我们假设收入是内生的，代理人只控制收入均值而不控制方差。在收入内生的条件下，如果风险控制最优的家庭确定性等价 $C_{i,j}^*$ 在 (r_i, r_j) 上是次模的（超模的），则稳定匹配在伴侣的类型 (r_i, r_j) 上是负选型

（正选型）匹配。即：

$$\frac{\partial^2 C_{ij}^*}{\partial r_i \partial r_j} \leqslant (\geqslant)0 \tag{7-5}$$

这里的最优化问题是选择 μ_i^* 和 μ_j^*，以最大化 C_{ij}^*，换言之，满足以下一阶条件：

$$\mu_i : 1 = \psi'(\mu_i); \quad \mu_j : 1 = \psi'(\mu_j) \tag{7-6}$$

其中，$\psi(\mu)$ 是选择均值 μ 的成本函数。经过简单计算，可以得到 $\frac{\partial^2 C_{ij}^*}{\partial r_i \partial r_j} = -\frac{\sigma_i^2 + \sigma_j^2}{2} \frac{\partial^2 R}{\partial r_i \partial r_j} < 0$，即负选型匹配。

命题 2：若收入均值和方差都是外生的，风险分担和控制的稳定匹配对伴侣的阿罗—普拉特风险厌恶程度是负选型匹配。

当方差是外生给定时，一阶条件（7-6）告诉我们，均值的选择与主体的风险厌恶系数无关。因此，均值的选择不会影响家庭确定性等价相对于主体风险厌恶系数 r_i, r_j 的子模性。因此，稳定的匹配模式仍然是负向分配的，就像在均值和方差外生的情况下那样。

值得一提的是，上述命题并不依赖于 $\tilde{\varepsilon}_i$ 服从正态分布的假设，但强烈依赖于 CARA 形式效用函数的假定。确定性等价可以写作均值减去风险溢价。根据 CARA 效用函数的定义，无论 $\tilde{\varepsilon}_i$ 的分布如何，其均值的改变并不会影响 $\tilde{\varepsilon}_i$ 的风险溢价。这样，均值的内生选择并不会改变家庭确定性等价在 (r_i, r_j) 的次模性。因此，负选型配对仍然是稳定的。此外，如果效用函数并非 CARA 形式，均值的改变会改变 $\tilde{\varepsilon}_i$ 的风险溢价，进而最优的均值将取决于代理人的风险态度。在这种情况下，负选型匹配的假说不再成立。

（三）内生性均值和方差

现在假定代理人可以同时管理其均值和方差。夫妇 (i, j) 会选择均值和方差来最大化家庭的确定性等价，其一阶条件如下：

$$\mu_i : 1 = \psi_1(\mu_i, \sigma_i^2); \quad \mu_j : 1 = \psi_1(\mu_j, \sigma_j^2) \tag{7-7}$$

$$\sigma_i^2 : -\frac{R}{2} = \psi_2(\mu_i, \sigma_i^2); \quad \sigma_j^2 : -\frac{R}{2} = \psi_2(\mu_j, \sigma_j^2) \tag{7-8}$$

将以上问题的解定义为 $\{C_{ij}^*, \mu_i^*, \mu_j^*, \sigma_i^{2*}, \sigma_j^{2*}\}$。等式（7-7）和等式（7-8）共同决定了上述五个变量的取值是 R 的函数。同时，可以注意到有 $\mu_i^* = \mu_j^*$，$\sigma_i^{2*} = \sigma_j^{2*}$ 成立。对 (i, j) 的最优均值和方差的选择取决于家庭中代表性代理人的风险厌恶系数，而非个人风险态度的取值。只要代理人可以控制其收入风险的方差，逆选型匹配就可能不成立。以下命题为逆选型匹配或正选型匹配的稳定性提供了充分条件。

命题 3：若收入均值和方差是内生决定的，以下不等式对所有 $R \in [\underline{R}, \overline{R}]$ 都严格成立，风险分担和风险控制匹配博弈中的稳定匹配对配偶的阿罗—普拉特风险厌恶程度是负选型的。

$$\begin{aligned}
\frac{\partial^2 C_{ij}^*}{\partial r_i \partial r_j} &= C_{ij}^{*\prime\prime}(R)\frac{R}{2}\frac{\partial^2 R}{\partial r_i \partial r_j} + C_{ij}^{*\prime}(R)\frac{\partial^2 R}{\partial r_i \partial r_j} \\
&= -\sigma_i^{2*\prime}(R)\frac{R}{2}\frac{\partial^2 R}{\partial r_i \partial r_j} - \sigma_i^{2*}(R)\frac{\partial^2 R}{\partial r_i \partial r_j} \leqslant 0
\end{aligned} \tag{7-9}$$

反之，如果不等式逆号，对于所有 $R \in [\underline{R}, \overline{R}]$ 而言，稳定匹配都是正选型的。

证明：

应用链式法则，可以得到：

$$\frac{\partial C_{ij}^*}{\partial r_i} = C_{ij}^{*\prime}(R)\frac{\partial R}{\partial r_i} \tag{7-10}$$

以及

$$\frac{\partial^2 C_{ij}^*}{\partial r_i \partial r_j} = C_{ij}^{*\prime\prime}(R)\frac{\partial R}{\partial r_i}\frac{\partial R}{\partial r_j} + C_{ij}^{*\prime}(R)\frac{\partial^2 R}{\partial r_i \partial r_j} \tag{7-11}$$

据 R 的表达式，可以得到：

$$\frac{\partial R}{\partial r_i}\frac{\partial R}{\partial r_i} = \frac{R}{2}\frac{\partial^2 R}{\partial r_i \partial r_i} \tag{7-12}$$

将（7-11）式带入（7-10）式当中，得到：

$$\frac{\partial^2 C_{ij}^*}{\partial r_i \partial r_j} = C_{ij}^{*\prime\prime}(R)\frac{R}{2}\frac{\partial^2 R}{\partial r_i \partial r_j} + C_{ij}^{*\prime}(R)\frac{\partial^2 R}{\partial r_i \partial r_j} \tag{7-13}$$

运用包络定理，可以得到 $C_{ij}^{*\prime}(R) = -\dfrac{\sigma_i^{2*} + \sigma_j^{2*}}{2}$。由于 $\sigma_i^{2*} = \sigma_j^{2*}$，因此，有 $C_{ij}^{*\prime}(R) = -\sigma_i^{2*}(R)$ 和 $C_{ij}^{*\prime\prime}(R) = -\sigma_i^{2*\prime}(R)$ 成立。

对家庭的确定性等价求风险控制最优化的解，对 r_i 和 r_j 求交叉导数，得到下式：

$$\frac{\partial^2 C_{ij}^*}{\partial r_i \partial r_j} = \underbrace{-\sigma_i^{2*\prime}(R)\frac{R}{2}\frac{\partial^2 R}{\partial r_i \partial r_j}}_{\text{风险管理效应}} \underbrace{-\sigma_i^{2*}(R)\frac{\partial^2 R}{\partial r_i \partial r_j}}_{\text{风险分担效应}} \tag{7-14}$$

式（7-14）中的第二项 $-\sigma_i^{2*}(R)\dfrac{\partial^2 R}{\partial r_i \partial r_j}$ 反映了给定风险条件下标准的风险分担效应。该部分为负，使匹配模式呈现负选型匹配。由于风险厌恶程度最高的代理人对保险的需求最高，而风险厌恶程度最低的代理人提供保险的成本最低，让前者为后者提供保险将是有效率的。式（7-14）中的第一部分 $-\sigma_i^{2*\prime}(R)\dfrac{R}{2}\dfrac{\partial^2 R}{\partial r_i \partial r_j}$ 反映了风险管理效应。在（7-8）式当中，最优方差是家庭当中代表性代理人风险厌恶系数 R 的减函数。因此，第一部分为正，使得匹配模式为正选型。直观来看，总体的确定性等价由个体的方差加权得到，权重取决于两个代理人的风险厌恶水平。比值 $R = \dfrac{r_i r_j}{r_i + r_j}$ 随 r_j 递增，且如若男性 i 和一位风险厌恶程度更高的代理人进行匹配，其降低方差的动机就会增强。因此，与风险厌恶水平更高的代理人匹配存在一种附加成本：需要付出更多的努力来降低方差。第二种效应可能逆转为风险厌恶的代理人提供保险以提高在整个蛋糕当中占比的收益，最终形成正选型匹配。

推论 1：若收入均值和方差都是内生的，若对所有 $R \in [\underline{R}, \overline{R}]$ 来说，针对代表性风险厌恶系数 R 的最优方差的弹性足够小，在风险分担和风险管理匹配中的稳定匹配依配偶的阿罗—普拉特风险厌恶水平而呈现负选型。

$$-\frac{R\sigma_i^{2*\prime}(R)}{\sigma_i^{2*}(R)} \leqslant 2 \tag{7-15}$$

对所有 $R \in [\underline{R}, \overline{R}]$ 来说，若不等式逆号，则稳定匹配是正选型匹配。

在方差外生的情形下，弹性为零，（7-15）式恒成立。但在方差内生的情况下，假设代理人可以控制其风险，稳定匹配的模式将为反向。这一现象尚未在现有文献当中得到充分阐释，也可以解决匹配理论当中的反常现象。不等式（7-15）为理解这种效应提供了思路，表明逆选型匹配模式与针对风险厌恶系数的最优方差的弹性相关[①]。

针对风险厌恶系数的最优方差的弹性反映了代理人所面对的控制风险的困难程度。如果风险控制易于实施，由于进行匹配有助于降低两方的冲突，代理人会偏好于与风险厌恶水平类似的代理人相匹配。在这种情况下，风险控制效应强于风险分担效应，易于实现正选型匹配。与之相反，如果代理人发现控制风险是困难的，代理人就会倾向于与风险厌恶水平不同的代理人进行匹配，以享受风险分担的收益。

给定控制风险的困难程度，（7-15）式当中的弹性取决于共同的风险厌恶系数 R。当共同的风险厌恶系数 R 足够大时，足够大的弹性可以保证形成正选型配对。若共同的风险厌恶水平 R 很低，代理人偏好于与有着不同风险厌恶水平的代理人结合以构成逆选型配对。

接下来，我们提供了管理均值和方差的特定成本函数。该函数将为我们提供一种理解正选型匹配生成过程的方式。我们假设管理均值和方差的成本是可加的，表示如下：

$$\psi(\mu_i, \sigma_i^2) = \phi(\mu_i) + k\phi(\sigma_i^2) \tag{7-16}$$

其中，$\phi(\sigma_i^2)$ 是一个定义在 $(0, \sigma_0^2]$ 上的函数，有 $\phi(\sigma_0^2)=0$，$\phi'(\sigma_0^2)=0$，$\phi'(0) = -\infty$，$\phi''(\sigma_i^2) > 0$。由此，$\phi'(\sigma_0^2)$ 反映了男性 i 为降低其收入的方差所付出努力的成本。如果男性 i 没有付出努力，方差就保持在初始水平 σ_0^2。选择较小方差的成本是很高的，而将方差降低到零的成本无穷大。参数 k 体现了控制方差的难度大小。

---

① 如果控制风险的唯一途径是使代理人在无风险资产和风险资产之间进行选择，针对代表性风险厌恶系数 R 的最优方差的弹性严格等于 2，形成任意的匹配模式。如果代理人有其他控制风险的方法，则可以进行正选型匹配。

依据（7-8）式，不等式（7-15）等价于下式：

$$4k\phi''(\sigma_i^{2*}(R))\sigma_i^{2*}(R)-R \geq 0 \qquad (7-17)$$

定义 $f(k,R)=4k\phi''(\sigma_i^{2*}(R))\sigma_i^{2*}(R)-R$。如果对任意的 R 来说，若 $f(k,R)\geq 0$ 成立，则有负选型匹配，反之则是正选型配对。以下命题为正选型匹配模式的充分条件进行了说明。

命题4：假设 $\phi''(\sigma_0^2)>0$，$\phi'''\geq 0$，且存在一个门槛值 $\widehat{k_1}>\widehat{k_2}$ 使得 $f(\widehat{k_1},\overline{R})=0$，$f(\widehat{k_2},\underline{R})=0$。若 $k\geq\widehat{k_1}$，则逆选配对是稳定的；若 $k\leq\widehat{k_2}$，则正选型配对是稳定的。假设 $\phi''(\sigma_0^2)>0$，$\phi'''\geq 0$，$\lim_{R\to\infty}f(k,\widehat{R})<0$，则存在门槛值 $\widehat{R}\in(0,+\infty)$ 使得 $f(k,\widehat{R})=0$，且若 $\overline{R}\leq\widehat{R}$，则负选型匹配是稳定的；若 $\underline{R}\geq\widehat{R}$，则正选型匹配是稳定的。

证明：

若 $\phi'''\geq 0$，则 $f(k,R)$ 对 k 递增，对 R 递减。这是因为 $\lim_{k\to+\infty}f(k,R)=-R<0$，$\lim_{k\to+\infty}f(k,R)=\lim_{k\to+\infty}f(k,R)=\lim_{k\to+\infty}4k\phi''(\sigma_0^2)\sigma_0^2-R>0$，以及 $f(k,0)=4\phi''(0)\sigma_0^2>0$。结合 $f(k,\infty)<0$ 的假设即得证。

上述命题证实了我们强调的机制：若控制风险相对容易，出现正选型配对；若控制风险相对困难，则出现逆选型配对。该命题还表明，如果所有代理人充分容忍风险（但仍然是风险厌恶的）时，则产生逆选型配对，如果所有代理人充分规避风险，则产生正选型配对。其中的逻辑如下。若代理人具有足够的风险容忍度，其合作伙伴风险厌恶程度的增加不会显著提高家庭中代表性代理人的风险厌恶水平。在这种情况下，即使个人选择与一个差异度较高的代理人相匹配，家庭的风险管理决策也不会因个人决策不同而有很大的不同。因此，风险管理效应比较弱，而风险分担效应占主导地位，最终导致逆向匹配。此外，若所有代理人风险厌恶水平都足够高，代理人合作伙伴的风险厌恶程度会显著提高代表性代理人的风险厌恶程度。这样，如果个体与一个差异度较高的合作伙伴相匹配，家庭在风险管理上的决策与个人决策之间有着较大的差异。因此，与相似度较高的合作伙伴相匹配的成本过高，最终导致正选型匹配。

众所周知，在收入由外部因素决定的条件下，风险分担匹配博弈给出了伴侣风险态度负选型配对的假说。作为对 Chiappori 和 Reny（2006）的补充，我们的研究发现，上述结论在风险内生且代理人只能控制其收入的均值而非方差的条件下成立。然而，只要代理人可以控制收入的方差，就会出现正选型配对[①]。风险管理成本函数的形式和代理人的风险态度对均衡匹配模式具有至关重要的影响。正选型匹配易于在方差容易控制的情形下出现。同时，本章也证明了当代理人足够风险厌恶时，更容易出现正选型匹配；而当代理人对风险的容忍度比较高时，更容易出现负选型匹配。

本节模型并未假设家庭内部的道德风险问题。然而，个人努力通常是不可观测的，因而需要设计一种共享规则来为个人提供良好的保险以及良好的激励。未来可以考虑将这些方面进一步纳入本模型当中。

三、道德风险模型

考虑由 N 个委托人 $\{i=1, \cdots, N\}$ 和 N 个代理人 $\{j=1, \cdots, N\}$ 组成的双边市场，委托人和代理人有 CARA 形式的效用函数，表达式为 $U(c) = \left(\dfrac{1-e^{-rc}}{r}\right)$。以 r_i 和 r_j 分别代表委托人和代理人，其中 $r_i \in [\underline{r_1}, \overline{r_1}]$; $r_j \in [\underline{r_2}, \overline{r_2}]$。委托—代理关系的产出由下式决定: $y = \mu + \sigma\varepsilon$，其中 $\varepsilon \sim N(0, 1)$，$\mu > 0$，$\sigma > 0$。委托人和代理人都在期末才能观察到 y 的取值。代理人做出存在以 $\Psi(\mu, \delta^2)$ 表示的个人成本的当期选择，其中有 $\dfrac{\partial\psi}{\partial\mu} > 0$，$\dfrac{\partial\psi}{\partial\sigma^2} < 0$。在我们的模型当中，代理人同时从均值和产出的异质性风险两个维度付出努力。

---

① 参考 Di Cagnoi et al.（2011）的研究，我们可以通过投资组合选择问题的方式对内生性风险进行建模。该情形下的匹配模式与传统文献当中分享风险的匹配有着显著的不同。

博弈的时间点如下。在时间点 0，每个代理人自愿与来自另一方的委托人进行匹配。每一个配对组合 (i, j) 都会遵守分享收入的规则。在第一期，代理人付出努力。此后，所有冲击的价值都得以实现，委托人和代理人都按照先前遵守的分享规则来进行消费。将 w_{ij} 定义为当委托人 i 和代理人 j 进行配对时代理人的收入。分享的规则被限定为是线性的，即代理人的收入由 $w = w_0 + \alpha y$ 决定。

为了分析委托人和代理人之间的匹配模式，我们考虑如下界定的稳定匹配结果。

定义 3：一个结果由匹配 M 和针对每一匹配对的一系列收入分配规则 $\{w_{i,j}\}_{i,j}$ 共同构成。如果一个结果满足以下条件，则认为其是稳定的：（1）不存在已经匹配的个人更加倾向于保持未匹配的状态；（2）不存在 (i^*, j^*) 的配对和分享规则 w'_{i^*, j^*}，使得 i^* 和 j^* 都可以相较于匹配 M 和按照 w_{ij} 的规则分享收入的状态，因相互匹配和按照 w'_{i^*, j^*} 的规则分享收入而更优。

定义 4：当且仅当任意满足 i 和 i' 相匹配、j 和 j' 相匹配的均衡条件下的 i, i', j, j' 均满足 $r_{i'} \geq r_i \Leftrightarrow r_{j'} \geq (\leq) r_j$ 时，匹配才是正选型（负选型）配对。

四、匹配和代理问题

我们准备探索委托人和代理人之间的匹配模式。在继续讨论参与人努力控制产出的均值和方差的情况之前，我们简要地研究参与人只能控制其收入均值而不能控制其方差的情况，以阐明道德风险在均衡匹配中的作用。若代理人的努力是可观察的、可收缩的，匹配中的确定性等价物之和主要取决于风险态度，则在匹配问题中只需要考虑风险分担。在均衡匹配中，风险厌恶程度较高的代理人是保险的良好卖方，而风险厌恶程度较低的代理人是保险的良好买方。因此，没有道德风险的稳定匹配是一个逆向匹配。若努力不可观测，我们发现以下两个效应导致匹配是逆向匹配。首先，对于任何线性风

险分担规则 α 来说，代理人的努力与他的风险态度无关。其次，有风险态度不同，但对提高均值有相同偏好的委托人。结合这两个事实能够表明，尽管提供均值增强的努力取决于匹配的委托人和代理人的风险态度，但它对匹配模式没有影响。

接下来，我们考虑一种更加一般的情形，在这种情形下，代理人努力同时控制产出的均值和方差。

1. 最优情形

当代理人的努力可观测和可收缩时，可以得到以下类似于 Li et al.（2013）的结果。

定理 1：C_{ij} 对于任何有效的风险分担规则来说都是恒定的，由下式给定：

$$C_{ij}^* = \max_{\alpha,\mu,\sigma^2} \mu - \frac{r_j}{2} \alpha^2 \sigma^2 - \frac{r_i}{2(1-\alpha)^2 \sigma^2} - \psi(\mu,\sigma^2) \qquad (7\text{–}18)$$

将（7–18）式中的解记作（α^*, μ^*, σ^{*2}），由以下一阶条件等式决定。

$$\alpha^* = \frac{r_i}{r_i + r_j} \qquad (7\text{–}19)$$

$$1 = \psi_1(\mu^*, \sigma^{*2}) \qquad (7\text{–}20)$$

$$-\frac{R}{2} = \psi_2(\mu^*, \sigma^{*2}) \qquad (7\text{–}21)$$

若最优风险控制条件下的 C_{ij}^* 在（r_i, r_j）中是次模或超模的，稳定匹配是逆序匹配。

命题 5：在最优情形下，如果以下不等式对所有的 $r_i \in [\underline{r_1}, \overline{r_1}]$ 和 $r_j \in [\underline{r_2}, \overline{r_2}]$ 严格成立，稳定匹配是逆序匹配。

$$\frac{\partial^2 C_{ij}^*}{\partial r_i \partial r_j} = \underbrace{-\alpha^* \frac{\partial \alpha^*}{\partial r_i} \sigma^{*2}}_{\text{风险分担效应}(-)} - \underbrace{\frac{1}{2} \alpha^* \frac{\partial \sigma^{*2}}{\partial r_i}}_{\text{风险控制效应}(+)} \leq 0. \qquad (7\text{–}22)$$

如果反向不等式对所有 $r_i \in [\underline{r_1}, \overline{r_1}]$ 和 $r_j \in [\underline{r_2}, \overline{r_2}]$ 都成立，则稳定匹配是正序匹配。

其证明过程如下：

使用包络定理，我们可以得到 $\frac{\partial C_I^*}{\partial r_J} = -\frac{1}{2} \alpha^{*2} \sigma^{*2}$，由此可以推导出

$$\frac{\partial^2 C_{ij}^*}{\partial r_i \partial r_j} = -\alpha^* \frac{\partial \alpha^*}{\partial r_l} \sigma^{2*} - \frac{1}{2} \alpha^2 \frac{\partial \sigma^{2*}}{\partial r_l}$$ 。注意，$\alpha^* = \frac{r_i}{r_i + r_j}$ 随 r_i 递增，因此有

$-\alpha^* \frac{\partial \alpha^*}{\partial r_l} < 0$。除此以外，$\frac{\partial \sigma^{2*}}{\partial r_l} = \frac{\partial \sigma^{2*}}{\partial R} \frac{\partial R}{\partial r_l}$。从（7–21）式当中，可以得到最优方差是 R 的一个减函数。同时，R 随 r_i 递增也是显而易见的。因此，有

$$\frac{\partial \sigma^{2*}}{\partial r_i} < 0 \text{ 和 } -\frac{1}{2} \alpha^2 \frac{\partial \sigma^{2*}}{\partial r_l} > 0$$ 。

对 r_i 和 r_j 求交叉偏导的最优风险控制的 C_{ij}^* 由两个部分组成。第一部分 $-\alpha^* \frac{\partial \alpha^*}{\partial r_l}$ 反映了给定风险条件下标准的风险分担效应，使得风险厌恶程度最低的代理人为风险厌恶程度最高的代理人提供保险是有效率的，这是因为风险厌恶程度最高的代理人对保险有最高的需求，而风险厌恶程度最低的代理人能够以最低的成本来提供保险。第二部分 $-\frac{1}{2} \alpha^2 \frac{\partial \sigma^{2*}}{\partial r_l}$ 反映了风险控制效应。这一部分符号为正，使得匹配模式是正选型的。具体而言，如果一个委托人与更加厌恶风险的代理人相匹配，代理人降低方差的意愿也就提高了。因此，与更加厌恶风险的代理人相匹配存在因需要降低方差而产生的风险而构成的附加成本。第二种效应可能会颠覆为风险厌恶代理人提供保险以换取更大份额的整体"蛋糕"的好处，并可能最终导致正选型匹配（PAM）。

2. 次优情形

当努力是不可观察的时候，收入分享原则不仅因为风险分担而重要，也因为提供激励而重要。给定一个分享原则 w_{ij}，代理人 j 选择 μ 和 δ^2 以最大化确定性等价 $C_A = w_0 + \alpha \mu - \frac{r_j \alpha^2 \sigma^2}{2} - \psi(\mu, \sigma^2)$。

对 μ 和 δ^2 求一阶条件得到如下的激励相容条件：

$$\alpha = \psi_1(\mu, \sigma^2) \tag{7–23}$$

$$-\frac{r_j \alpha^2}{2} = \psi_2(\mu, \sigma^2) \tag{7–24}$$

在均衡条件下，确定性等价的加总由下式给定：

$$C_{ij}^{SB} = \max_{\alpha,\mu,\sigma^2,\lambda_1,\lambda_2} \mu - \psi(\mu,\sigma^2) - \frac{r_j \alpha^2 \sigma^2}{2} - \frac{r_i(1-\alpha)^2 \sigma^2}{2}$$

$$+ \lambda_1 [\alpha - \psi_1(\mu,\sigma^2)] + \lambda_2 \left(\frac{r_j \alpha^2}{2} - \psi_2(\mu,\sigma^2) \right) \tag{7-25}$$

其中，$\lambda_1 > 0$，$\lambda_2 > 0$，两者是确定性等价最优化问题中的拉格朗日乘子。

命题 6：在次优情形中，如果对所有 $r_i \in [\underline{r_1}, \overline{r_1}]$ 和 $r_j \in [\underline{r_2}, \overline{r_2}]$ 以下不等式严格成立，那么稳定匹配是逆选型匹配。

$$\frac{\partial^2 C_{ij}^{SB}}{\partial r_i \partial r_j} = \underbrace{-\alpha^{SB} \frac{\partial \alpha^{SB}}{\partial r_i} (\sigma^{SB})^2}_{\text{风险分担效应}(-)} \underbrace{-\frac{1}{2}(\alpha^{SB})^2 \frac{\partial (\sigma^{SB})^2}{\partial r_i}}_{\text{风险控制效应}(+)} + \underbrace{\lambda_2^{SB} \frac{\partial \alpha^{SB}}{\partial r_i}}_{\text{道德风险效应}(-)} \leqslant 0$$

$$(7-26)$$

如果反向不等式对所有 $r_i \in [\underline{r_1}, \overline{r_1}]$ 和 $r_j \in [\underline{r_2}, \overline{r_2}]$ 都成立，稳定匹配就是正选型匹配。

证明：应用包络定理，可以得到 $\dfrac{\partial C_{ij}^{SB}}{\partial r_j} = -\dfrac{r_j \alpha^2 \sigma^2}{2} + \lambda_2 \dfrac{\alpha^2}{2}$，进一步可以得到 $\dfrac{\partial^2 C_{ij}^{SB}}{\partial r_i \partial r_j} = -\alpha \dfrac{\partial \alpha}{\partial r_i} \sigma^2 - \dfrac{1}{2}(\alpha)^2 \dfrac{\partial \sigma^2}{\partial r_i} + \lambda_2 \dfrac{\partial \alpha}{\partial r_i}$。

现在，针对 r_i 和 r_j 求导的最优风险控制 C_{ij}^* 由三个部分组成。前两个部分（风险分担效应和风险控制效应）和最优情形下是相同的。$\lambda_2^{SB} \dfrac{\partial \alpha^{SB}}{\partial r_I}$ 是一个源于控制方差的激励相容约束的附加项。$\dfrac{\partial \alpha^{SB}}{\partial r_i}$ 为正，意味着均衡情形下代理人的收入占比随委托人风险厌恶的程度的提高而上升，这样，一个更加厌恶风险的委托人不得不在次优情形下为代理人提供更多。在代理人降低风险的努力是不可观测的情形下，如果风险厌恶程度更高的委托人与风险厌恶程度较低的代理人相匹配的价值越大，那么匹配就更有可能是正选匹配。此外，一个高度风险厌恶的代理人较一个风险厌恶程度较低的代理人更有降低风险的内在动机。因此，道德风险就会导致一个更加严重的问题。这样，由于道德风险问题导致降低风险的努力减少，高度风险厌恶的委托人比风险厌恶程度较低的委托人遭受的损失更大。因此，高度风险厌恶的委托人愿意比风险厌恶程度较低的委托人支付更多的费用，以避免与风险厌恶程度较低的代理人匹配，从而导致正序匹配。区别于我们的结论，Wang（2013）的研究表明，控制最终产出均值的道德风险与我们的模型有着类似的影响，这个结果是由以拉布拉斯形式分布的产出和分段线性分享规则导致的。

为了获得初始模型中的特定情形，我们假定代理人只能进行降低风险的努力，管理方差的成本是 $k\phi(\sigma^2)$，其中 $\phi(\sigma^2)$ 是在 $(0, \sigma^2]$ 上的减函数，且有 $\phi(\sigma_0^2)=0$，$\phi'(\sigma_0^2)=0$，$\phi'(0)=-\infty$，$\phi''(\sigma^2)>0$。如果 i 不付出努力，那么方差就保持在初始水平 σ_0^2 上。选择一个较小的方差意味着成本，尤其是如果需要将风险降到零，成本将会是无穷大的。参数 k 体现了控制方差的困难程度。这样，如下的命题为正选型配对提供了充分条件。

命题7：存在一个门槛值 $k_1<k_2$，使得若 $k<k_1$，正选配对是稳定的；若 $k>k_2$，负选配对是稳定的。

证明：代理人对 σ^2 求一阶条件，得到如下激励相容条件：

$$-\frac{r_j\alpha^2}{2} = k\varphi'(\sigma^2) \tag{7-27}$$

上式暗含将 σ^2 定义为 α 的函数，即 $\sigma^2=\sigma^2(\alpha)$。要注意，$\frac{\partial\sigma^2}{\partial\alpha}<0$。在均衡状态下，确定性等价之和由式 $C_{ij}^{SB}=\max\limits_{\alpha}\mu-k\varphi(\sigma^2)-\frac{r_j\alpha^2\sigma(\alpha)^2}{2}-\frac{r_i(1-\alpha)^2\sigma(\alpha)^2}{2}$ 决定。对 α 求一阶条件可以得到：

$$\alpha = \frac{r_i-\frac{r_i(1-\alpha)}{2\sigma^2}\frac{\partial\sigma^2}{\partial\alpha}}{r_i+r_j} > \frac{r_i}{r_i+r_j} \tag{7-28}$$

运用包络定理，可以得到 $\frac{\partial C_{ij}^{SB}}{\partial r_J} = \frac{-\alpha^2\sigma(\alpha)^2}{2}$，因此有：

$$\frac{\partial^2 C_{ij}^{SB}}{\partial r_i\partial r_j} = -\alpha\frac{\partial\alpha}{\partial r_i}\sigma^2 - \frac{1}{2}(\alpha)^2\frac{\partial\sigma^2}{\partial r_i} + \lambda_2\frac{\partial\alpha}{\partial r_i} \tag{7-29}$$

我们可以推导得到 $\left.\frac{\partial\sigma^2}{\partial\alpha}\right|_{k\to0}\to-\infty$ 和 $\left.\frac{\partial\sigma^2}{\partial\alpha}\right|_{k\to+\infty}\to0$，这意味着

$\dfrac{\partial^2 C_{ij}^{SB}}{\partial r_i \partial r_j}\bigg|_{k \to 0} > 0$ 和 $\dfrac{\partial^2 C_{ij}^{SB}}{\partial r_i \partial r_i}\bigg|_{k \to +\infty} < 0$。因此，存在门槛值 $k_1 < k_2$，使得若 $k < k_1$，正选配对是稳定的；若 $k > k_2$，负选配对是稳定的。

该命题表明，在难以控制方差的条件下负选配对更容易出现，而在易于控制方差的条件下正选配对更容易出现。其中的（经济学）直觉如下。考虑一种控制方差难度极大的情况，代理人基本不会付出努力来降低风险。这意味着无论代理人有着怎样的风险取向，激励都是昂贵的。因此，在匹配过程当中，激励问题的影响微乎其微。匹配完全由风险分担的考虑驱动，负选配对就在均衡处形成了。因为控制风险是相对容易的，激励风险厌恶水平较低的代理人也是相对便宜的，进而因风险控制的影响和道德风险的影响而可能导致负选配对。

然而，我们必须对 $\dfrac{\partial^2 C_{ij}^{SB}}{\partial r_i \partial r_j} > \dfrac{\partial^2 C_{ij}^{*}}{\partial r_i \partial r_j}$ 的结论持保留态度。尽管表达式当中的前两项与最优条件和次优条件中相同，但它们分别是在 α 和 σ^2 不同取值的条件下进行衡量的。幸运的是，以下命题证实了这一直觉的正确性。

命题8：若不等式 $\dfrac{\partial^2 C_{ij}^{SB}}{\partial r_i \partial r_j} > \dfrac{\partial^2 C_{ij}^{*}}{\partial r_i \partial r_j}$ 成立，正选配对较最优情形更容易出现在次优情形当中。

证明：

将 C_{ij}（λ_1，λ_2）定义如下：

$$C_{ij}(\lambda_1, \lambda_2) = \max_{\alpha, \mu, \sigma^2} \mu - \psi(\mu, \sigma^2) - \frac{r_j \alpha^2 \sigma^2}{2} - \frac{r_i(1-\alpha)^2 \sigma^2}{2} +$$
$$\lambda_1 [\alpha - \psi_1(\mu, \sigma^2)] + \lambda_2 \left(\frac{r_j \alpha^2}{2} - \psi_2(\mu, \sigma^2) \right) \qquad (7\text{–}30)$$

那么，存在以下关系 $C_{ij}^{*} = C_{ij}(0, 0)$，$C_{ij}^{SB} = C_{ij}(\lambda_1^{SB}, \lambda_2^{SB})$，$\dfrac{\partial^2 C_{ij}^{*}}{\partial r_i \partial r_j} = \dfrac{\partial^2 C_{ij}(0,0)}{\partial r_i \partial r_j}$，$\dfrac{\partial^2 C_{ij}^{SB}}{\partial r_i \partial r_j} = \dfrac{\partial^2 C_{ij}(\lambda i_1^{SB}, \lambda_2^{SB})}{\partial r_i \partial r_j}$。

接下来，比较 $\dfrac{\partial^2 C_{ij}^{*}}{\partial r_i \partial r_j}$ 和 $\dfrac{\partial^2 C_{ij}^{SB}}{\partial r_i \partial r_j}$ 的大小。

首先，要注意：

$$\frac{\partial}{\partial \lambda_2}\left(\frac{\partial^2 C_{ij}(\lambda_1,\lambda_2)}{\partial r_i \partial r_j}\right) = \frac{\partial^2}{\partial r_i \partial r_j}\left(\frac{\partial C_{ij}(\lambda_1,\lambda_2)}{\partial \lambda_2}\right)$$

$$= \frac{\partial^2}{\partial r_i \partial r_j}\frac{r_j(\alpha^{SB})^2}{2} = \frac{\partial \alpha^{SB}}{\partial r_i} > 0, \tag{7-31}$$

其中，第二个不等式因包络定理而成立。

其次，有：

$$\frac{\partial}{\partial \lambda_1}\left(\frac{\partial^2 C_{ij}(\lambda_1,\lambda_2)}{\partial r_i \partial r_j}\right) = \frac{\partial^2}{\partial \lambda_1 \partial r_i}\left(\frac{\partial C_{ij}(\lambda_1,\lambda_2)}{\partial r_j}\right) = 0 \tag{7-32}$$

根据（7-31）式和（7-32）式，可以得到：

$$\frac{\partial^2 C_{ij}^{SB}}{\partial r_i \partial r_j} = \frac{\partial^2 C_{ij}(\lambda_1^{SB},\lambda_2^{SB})}{\partial r_i \partial r_j} = \frac{\partial^2 C_{ij}(0,\lambda_2^{SB})}{\partial r_i \partial r_j} > \frac{\partial^2 C_{ij}(0,0)}{\partial r_i \partial r_j} = \frac{\partial^2 C_{ij}^{*}}{\partial r_i \partial r_j}$$

$$\tag{7-33}$$

这里，第二个式子来自（7-32）式，第一个不等式来自（7-31）式。

该命题表明，努力的不可观测性驱动匹配模式为正选型。若努力是不可观察的，代理人控制风险的努力取决于共享规则 α。对于任何给定的 α，高度风险厌恶的代理人会付出很大的努力来控制风险，这有利于风险厌恶的委托人。高度风险厌恶的委托人较风险厌恶程度较低的委托人可以更多地从代理人为控制风险付出的努力中获益。因此，与风险厌恶程度较低的委托人相比，高度风险厌恶的委托人愿意支付更多的费用来匹配高度厌恶风险的代理人，使匹配模式为正选型。

五、结论

我们的模型有两个主要结论。其一是，在代理人可以内生地控制风险的条件下，正选配对和逆选配对都可能在均衡状态下出现。其二是，道德风险使均衡条件下的模式是正选型的。我们的结论与经验研究及史料是一致的。

关于发展中国家风险分担构成的经验研究并没有一致结论。Dercon et al.（2006）的研究表明，没有证据可以支持群体性丧葬保险的正选配对，而 Arcand 和 Fafchamps（2012）则发现了关于物理距离、民族距离、财富和家庭规模正选效应的较强证据。在集体性借贷项目中，代理人聚集起来为他们的项目争取信贷，共同负担债务。来自群体性借贷项目的证据表明，代理人希望和至少与其自身一样安全的人进行配对（Stiglitz，1990；Conning，1999）。Ghatak（1999）强调了道德风险在正选配对当中的重要角色。他强调道德风险的存在会引起正选配对，这是因为在相似的人群间追踪和实施非正式合约是更加容易的。我们的结论符合 Ghatak（1999）的研究结论，但主要的驱动力量是一般均衡而非追踪和实施契约本身。

本章研究了道德风险问题如何影响异质性风险厌恶的委托人和代理人之间的风险分担匹配。在我们的合同协议中，委托人和代理人共同工作，生产和分享产出，预期的产出水平和风险水平取决于代理人不可观察的努力。本章着重考察了契约关系的匹配模式。

通过本章所构造的简单模型得到了有趣的结果。我们发现道德风险问题和降低风险的努力对于确定匹配模式非常重要。当主体的努力只影响预期产出水平，且不考虑道德风险问题时，我们证明均衡匹配模式是逆序匹配。在这种情况下，代理人的努力与他们的风险态度无关，委托人从代理人的努力中同样受益。道德风险问题对均衡匹配模式没有影响。当代理人的努力同时影响预期产出水平和风险水平时，我们发现模型在不同的情况下可以构成逆序匹配或正序匹配。在不存在道德风险问题的情况下，我们发现均衡匹配模式依赖于风险分担效应和风险控制效应。前者促使匹配模式为逆序匹配，因为风险厌恶程度最低的代理人倾向于为风险厌恶程度更高的委托人投保。风险控制效应则驱动了正序匹配模式。当委托人与风险厌恶程度较高的代理人匹配时，代理人控制风险的动机会增强，从而导致匹配成本上升。这种效应可以逆转风险分担效应产生的匹配模式，并导致正序匹配。通过在模型中引入代理问题，我们发现除提高均值的努力和降低风险的努力外，还有一个决定匹配模式的额外效应可以将匹配模式驱动为正序匹配。这种效应是由于控制方差而产生的激励相容约束。当委托人与风险厌恶程度较低的代理人相匹配时，道德风险问题所导致的降低风险的努力较少。因此，高度风险厌恶的委托人将比风险厌恶程度较低的委托人支付更多的费用，以避免与风险厌恶程度较低的代理人匹配。

我们的发现有益于风险分担的实证研究。例如，我们的结果可以应用于评估影响风险分担环境的政策。虽然这一分析超出了本章的范围，但进一步拓展其研究深度仍有必要。

参考文献

［1］白重恩，张琼．中国的资本回报率及其影响因素分析［J］.世界经济，2014（10）.

［2］柏培文，许捷．中国省际资本回报率与投资过度［J］.经济研究，2017（10）.蔡昉．1995：人口迁移和流动的成因、趋势与政策［J］.中国人口科学，1995（6）.

［3］蔡昉．中国经济改革效应分析——劳动力重新配置的视角［J］.经济研究，2017（7）.

［4］蔡昉，王美艳．为什么劳动力流动没有缩小城乡收入差距［J］.经济学动态，2009（8）.

［5］沈坤荣，李剑．中国贸易发展与经济增长影响机制的经验研究［J］.经济研究，2003（5）.

［6］沈坤荣，孙文杰．投资效率、资本形成与宏观经济波动——基于金融发展视角的实证研究［J］.中国社会科学，2004（6）.

［7］陈彦斌，马啸，刘哲希．要素价格扭曲、企业投资与产出水平［J］.世界经济，2015（9）.

［8］陈勇兵，陈宇媚，周世民．中国国内市场整合程度的演变：基于要素价格均等化的分析［J］.世界经济，2013（1）.

［9］陈志勇，陈思霞．制度环境、地方政府投资冲动与财政预算软约束［J］.经济研究，2014（3）.

［10］邓慧慧．贸易自由化、要素分布和制造业集聚［J］.经济研究，

2009（11）.

　　［11］范剑勇，王立军，沈林洁.产业集聚与农村劳动力的跨区域流动［J］.管理世界，2004（4）.

　　［12］范剑勇，张雁.经济地理与地区间工资差异［J］.经济研究，2009（8）.

　　［13］方先明，冯翔宇.股指期货交易政策调整能否影响现货市场波动率［J］.中国经济问题，2021（4）.

　　［14］盖庆恩，朱喜，史清华.劳动力市场扭曲、结构转变和中国劳动生产率［J］.经济研究，2013（5）.

　　［15］高波，陈健，邹琳华.区域房价差异、劳动力流动与产业升级［J］.经济研究，2012（1）.

　　［16］郭晶，周玲丽.贸易政策不确定性、关税变动与企业生存［J］.国际贸易问题，2019（5）.

　　［17］郝大明.1978—2014年中国劳动配置效应的分离与实证［J］.经济研究，2015（7）.

　　［18］何冰，周申.贸易自由化与就业调整空间差异：中国地级市的经验证据［J］.世界经济，2019（6）.

　　［19］何青，杜巨澜，薛畅.中国消费风险分担偏低之谜［J］.经济研究，2014（1）.

　　［20］洪勇.中国省级消费风险分担：测度、影响因素与福利效应［J］.财贸研究，2016（5）.

　　［21］李敬子，刘月.贸易政策不确定性与研发投资：来自中国企业的经验证据［J］.产业经济研究，2019（6）.

　　22］李胜旗，毛其淋.关税政策不确定性如何影响就业与工资［J］.世界经济，2018（6）.

　　［23］李真，刘永清.贸易政策不确定性是否影响中国企业的对外直接投资概率［J］.经济理论与经济管理，2021（12）.

［24］李治国，唐国兴．资本形成路径与资本存量调整模型——基于中国转型时期的分析［J］．经济研究，2003（2）.

［25］梁琪，滕建州．股票市场，银行与经济增长：中国的实证分析［J］．金融研究，2005（10）.

［26］林建浩，李幸，李欢．中国经济政策不确定性与资产定价关系实证研究［J］．中国管理科学，2014（1）.

［27］刘建，许统生，涂远芬．交通基础设施、地方保护与中国国内贸易成本［J］．当代财经，2013（9）.

［28］龙小宁，万威．环境规制、企业利润率与合规成本规模异质性［J］．中国工业经济，2017（6）.

［29］吕江林．我国的货币政策是否应对股价变动做出反应［J］．经济研究，2005（3）.

［30］毛其淋．贸易政策不确定性是否影响了中国企业进口［J］．经济研究，2020（2）.

［31］毛日昇．出口、外商直接投资与中国制造业就业［J］．经济研究，2009（11）.

［32］潘文卿，李跟强．中国区域间贸易成本：测度与分解［J］．数量经济技术经济研究，2017（2）.

［33］潘文卿，张伟．中国资本配置效率与金融发展相关性研究［J］．管理世界，2003（8）.

［34］彭国华．技术能力匹配，劳动力流动与中国地区差距［J］．经济研究，2015（1）.

［35］彭小林．货币政策对股票市场流动性的影响研究［J］．统计与决策，2012（16）.

［36］钱学锋，龚联梅．贸易政策不确定性、区域贸易协定与中国制造业出口［J］．中国工业经济，2017（10）.

［37］邵帅，辛晴．出口对我国企业融资约束影响的异质性分析［J］．南

方经济，2015（12）.

［38］盛斌，廖明中.中国的贸易流量与出口潜力：引力模型的研究［J］.世界经济，2004（2）.

［39］盛斌，马涛.中间产品贸易对中国劳动力需求变化的影响：基于工业部门动态面板数据的分析［J］.世界经济，2008（3）.

［40］盛斌，毛其淋.贸易开放、国内市场一体化与中国省际经济长：1985—2008 年［J］.世界经济，2011（11）.

［41］孙文凯，白重恩，谢沛初.户籍制度改革对中国农村劳动力流动的影响［J］.经济研究，2011（1）.

［42］王小鲁，樊纲.中国地区差距的变动趋势和影响因素［J］.经济研究，2004（1）.

［43］伍山林.农业劳动力流动对中国经济增长的贡献［J］.经济研究，2016（2）.

［44］许统生，洪勇，涂远芬，等.加入世贸组织后中国省际贸易成本测度、效应及决定因素［J］.经济评论，2013（3）.

［45］许召元，李善同.区域间劳动力迁移对地区差距的影响［J］.经济学（季刊），2009（1）.

［46］杨海珍，李苏骁，史芳芳.国际证券资金流动对中国股市的影响［J］.系统工程理论与实践，2015（8）.

［47］姚枝仲，周素芳.劳动力流动与地区差距［J］.世界经济，2003（4）.

［48］余淼杰，智琨.进口自由化与企业利润率［J］.经济研究，2016（8）.

［49］原小能.省际贸易、国际贸易与经济增长——基于长三角制造业数据的经验分析［J］.财贸经济，2013（3）.

［50］袁志刚，何樟勇.20 世纪 90 年代以来中国经济的动态效率［J］.经济研究，2003（7）.

［51］张川川.出口对就业、工资和收入不平等的影响——基于微观数据的证据［J］.经济学（季刊），2015（3）.

［52］张莉，何晶，马润泓．房价如何影响劳动力流动［J］．经济研究，2017（8）．

［53］张少军，李善同．省际贸易对中国经济增长的贡献研究［J］．数量经济技术经济研究，2017（2）．

［54］张勋，徐建国．中国资本回报率的再测算［J］．世界经济，2014(8)．

［55］赵国庆，张中元．金融发展与中国跨省消费风险分担［J］．经济理论与经济管理，2010（12）．

［56］赵胜民，闫红蕾，张凯．Fama-French 五因子模型比三因子模型更胜一筹吗——来自中国 A 股市场的经验证据［J］．南开经济研究，2016（2）．

［57］赵玉焕，史巧玲，尹斯祺，等．中国参与全球价值链分工的测度及对就业的影响研究［J］．经济与管理研究，2019（2）．

［58］郑鑫，薛同锐．关税削减对中国就业变动的影响——基于地区与行业视角的分析［J］．全球化，2018（9）．

［59］周申，张龙．贸易自由化是否改善了中国制造业的劳动力资源错配［J］．世界经济研究，2020（9）．

［60］周文，赵方，杨飞，等．土地流转、户籍制度改革与中国城市化：理论与模拟［J］．经济研究，2017（6）．

［61］周颖刚，蒙莉娜，卢琪．高房价挤出了谁？——基于中国流动人口的微观视角［J］．经济研究，2019（9）．

［62］Acemoglu, D., Autor, D., Dorn, D., Hanson, G.H., Price, B., 2016. Import Competition and the Great U.S. Employment Sag of the 2000s. Journal of Labor Economics 34, S141–S198.

［63］Aghion, P., Howitt, P., 1992. A Model of Growth Through Creative Destruction. Econometrica 60, 323–351.

［64］Allen, F., Qian, J., Qian, M., 2005. Law, Finance, and Economic Growth in China. Journal of financial economics 77, 57–116.

［65］Altug, S., Miller, R.A., 1990. Household Choices in Equilibrium.

Econometrica: Journal of the Econometric Society 543–570.

[66] Attanasio, O.P., Pavoni, N., 2011. Risk Sharing in Private Information Models with Asset Accumulation: Explaining the Excess Smoothness of Consumption. Econometrica 79, 1027–1068.

[67] Ayyagari, M., Demirgüç-Kunt, A., Maksimovic, V., 2010. Formal versus Informal Finance: Evidence from China. Review of Financial Studies 23, 3048–3097.

[68] Bai, C.-E., Lu, J., Tao, Z., 2006. The Multitask Theory of State Enterprise Reform: Empirical Evidence from China. The American Economic Review 353–357.

[69] Baker, Scott, R., Bloom, Nicholas, Davis, Steven, J., 2016. Measuring Economic Policy Uncertainty. Quarterly Journal of Economics.

[70] Barro, R.J., 1999. Ramsey Meets Laibson in the Neoclassical Growth Model. The Quarterly Journal of Economics 114, 1125–1152.

[71] Barro, R.J., 1976. The Loan Market, Collateral, and Rates of Interest. Journal of money, Credit and banking 439–456.

[72] Barrot, J.-N., Loualiche, E., Sauvagnat, J., 2019. The Globalization Risk Premium. The Journal of Finance 74, 2391–2439.

[73] Becker, G.S., 1974. A Theory of Marriage: Part II. Journal of Political Economy 82, S11–S26.

[74] Becker, G.S., 1973. A Theory of Marriage: Part I. The Journal of Political Economy 813–846.

[75] Bernanke, B.S., Gertler, M., 1989. Agency Costs, Net Worth, and Business Fluctuations. American Economic Review 79, 14–31.

[76] Bianconi, M., Esposito, F., Sammon, M., 2021. Trade Policy Uncertainty and Stock Returns. Journal of International Money and Finance 119.

[77] Brandt, L., Van Biesebroeck, J., Zhang, Y., 2012. Creative Ac-

counting or Creative Destruction? Firm-Level Productivity Growth in Chinese Manufacturing. Journal of Development Economics 97, 339–351.

[78] Caliendo, L., Dvorkin, M.A., Parro, F., 2015. Trade and Labor Market Dynamics: General Equilibrium Analysis of the China Trade Shock. Social Science Research Network, Rochester, NY.

[79] Caliendo, L., Parro, F., Rossi-Hansberg, E., Sarte, P.-D., 2018. The Impact of Regional and Sectoral Productivity Changes on the U.S. Economy. Rev Econ Stud 85, 2042–2096.

[80] Campbell, J., Deaton, A., 1989. Why Is Consumption so Smooth? The Review of Economic Studies 56, 357–373.

[81] Cass, D., 1965. Optimum Growth in an Aggregative Model of Capital Accumulation. The Review of Economic Studies 32, 233–240.

[82] Chaney, T., Sraer, D., Thesmar, D., 2012. The Collateral Channel: How Real Estate Shocks Affect Corporate Investment. American Economic Review 102, 2381–2409.

[83] Charles, K.K., Hurst, E., 2003. The Correlation of Wealth across Generations. Journal of Political Economy 111, 1155–1182.

[84] Chen, K., Wen, Y., 2014. The Great Housing Boom of China. FRB of St. Louis Working Paper No.

[85] Chen, X., Chiang, T.C., 2020. Empirical Investigation of Changes in Policy Uncertainty on Stock Returns—Evidence from China's Market. Research in International Business and Finance 53, 101183.

[86] Chiang, T.C., 2019. Economic Policy Uncertainty, Risk and Stock Returns: Evidence from G7 Stock Markets. Finance Research Letters 29, 41–49.

[87] Chiappori, P.-A., Reny, P.J., 2016. Matching to Share Risk. Theoretical Economics 11, 227–251.

[88] Conning, J., 1999. Outreach, Sustainability and Leverage in Monitored

and Peer-Monitored Lending. Journal of Development Economics 60, 51–77.

[89] Cousin, V., 2011. Banking in China. Palgrave Macmillan.

[90] Cvijanović, D., 2014. Real Estate Prices and Firm Capital Structure. The Review of Financial Studies 27, 2690–2735.

[91] Davis, S.J., 2016. An Index of Global Economic Policy Uncertainty. National Bureau of Economic Research.

[92] Deaton, A., Paxson, C., 1994. Intertemporal Choice and Inequality. Journal of political economy 102, 437–467.

[93] Brogaard, J., Detzel, A., 2015. The Asset-Pricing Implications of Government Economic Policy Uncertainty. Management Science 61, 3–18.

[94] Di Cagno, D., Sciubba, E., Spallone, M., 2012. Choosing a Gambling Partner: Testing a Model of Mutual Insurance in the Lab. Theory and Decision 72, 537–571.

[95] Di Giovanni, J., Hale, G., 2022. Stock Market Spillovers via the Global Production Network: Transmission of US Monetary Policy. The Journal of Finance 77, 3373–3421.

[96] Diamond, J.M., 1999. Guns, Germs, and Steel: The Fates of Human Societies.

[97] Ding, W., 2012. Evaluating Housing Policy Interventions in China: Using Stock Market Data. Job Market Paper. The Wharton School, University of Pennsylvania.

[98] Dinkelman, T., Kumchulesi, G., Mariotti, M., 2017. Labor Migration, Capital Accumulation, and the Structure of Rural Labor Markets. Working Paper.

[99] Dix-Carneiro, R., Kovak, B.K., 2017. Trade Liberalization and Regional Dynamics. American Economic Review 107, 2908–2946.

[100] Du, J., He, Q., Rui, O.M., 2011. Channels of Interprovincial Risk Sharing in China. Journal of Comparative Economics 39, 383–405.

［101］Eaton, J., Kortum, S., 2002. Technology, Geography, and Trade. Econometrica 70, 1741–1779.

［102］Eaton, J., Kortum, S., Neiman, B., Romalis, J., 2016. Trade and the Global Recession. American Economic Review 106, 3401–3438.

［103］Eggertsson, G.B., Krugman, P., 2012. Debt, Deleveraging, and the Liquidity Trap: A Fisher-Minsky-Koo Approach. The Quarterly Journal of Economics 127, 1469–1513.

［104］Erten, B., Leight, J., Tregenna, F., 2019. Trade Liberalization and Local Labor Market Adjustment in South Africa. Journal of International Economics 118, 448–467.

［105］Fafchamps, M., Lund, S., 2003. Risk-Sharing Networks in Rural Philippines. Journal of Development Economics 71, 261–287.

［106］Feenstra, R.C., Hong, C., 2007. China's Exports and Employment.

［107］Frankel, J.A., Rose, A.K., 1998. The Endogenity of the Optimum Currency Area Criteria. The economic journal 108, 1009–1025.

［108］Gan, J., 2007a. Collateral, Debt Capacity, and Corporate Investment: Evidence from a Natural Experiment. Journal of Financial Economics 85, 709–734.

［109］Gan, J., 2007b. The Real Effects of Asset Market Bubbles: Loan-and Firm-Level Evidence of a Lending Channel. Review of Financial Studies 20, 1941–1973.

［110］Ghatak, M., 1999. Group Lending, Local Information and Peer Selection. Journal of Development Economics 60, 27–50.

［111］Glick, R., Rose, A.K., 1999. Contagion and Trade: Why Are Currency Crises Regional? Journal of international Money and Finance 18, 603–617.

［112］Gregory, N., Tenev, S., 2001. The Financing of Private Enterprise in China. Finance and Development 38, 14–17.

[113] Grossman, G.M., Helpman, E., 1991a. Innovation and growth in the global economy.

[114] Grossman, G.M., Helpman, E., 1991b. Quality Ladders in the Theory of Growth. The Review of Economic Studies 58, 43–61.

[115] Grossman, G.M., Yanagawa, N., 1993. Asset Bubbles and Endogenous Growth. Journal of Monetary Economics 31, 3–19.

[116] Gul, F., Pesendorfer, W., 2001. Temptation and Self-Control. Econometrica 69, 1403–1435.

[117] Hall, R.E., Mishkin, F.S., others, 1982. The Sensitivity of Consumption to Transitory Income: Estimates from Panel Data on Households. Econometrica 50, 461–481.

[118] Handley, K., Limão, N., 2017. Policy Uncertainty, Trade, and Welfare: Theory and Evidence for China and the United States. American Economic Review 107, 2731–2783.

[119] Hart, O., Moore, J., 1994. A Theory of Debt Based on the Inalienability of Human Capital. The Quarterly Journal of Economics 109, 841–879.

[120] Haskel, J., Szymanski, S., 1993. Privatization, Liberalization, Wages and Employment: Theory and Evidence for the UK. Economica 161–181.

[121] Hayashi, F., Altonji, J., Kotlikoff, L., 1996. Risk-Sharing between and within Families. Econometrica: Journal of the Econometric Society 261–294.

[122] Himmelberg, C., Mayer, C., Sinai, T., 2005. Assessing High House Prices: Bubbles, Fundamentals and Misperceptions. The Journal of Economic Perspectives 19, 67–92.

[123] Horvath, M., 2000. Sectoral Shocks and Aggregate Fluctuations. Journal of Monetary Economics 45, 69–106.

[124] Horvath, M., 1998. Cyclicality and Sectoral Linkages: Aggregate Fluctuations from Independent Sectoral Shocks. Review of Economic Dynamics 1,

781–808.

[125] Huang, Y., Lin, C., Liu, S., Tang, H., 2018. Trade Linkages and Firm Value: Evidence from the 2018 US-China "Trade War".

[126] Jiang, Z., Shi, H., 2015. Sectoral Technological Progress, Migration Barriers, and Structural Change in China. Journal of Comparative Economics 43, 257–273.

[127] Kalemli-Ozcan, S., Sørensen, B.E., Yosha, O., 2003. Risk Sharing and Industrial Specialization: Regional and International Evidence. American Economic Review 93, 903–918.

[128] Kaminsky, G.L., Reinhart, C.M., 2000. On Crises, Contagion, and Confusion. Journal of international Economics 51, 145–168.

[129] Kaplan, S.N., Zingales, L., 1997. Do Investment-Cash Flow Sensitivities Provide Useful Measures of Financing Constraints? The Quarterly Journal of Economics 169–215.

[130] King, I., Ferguson, D., 1993. Dynamic Inefficiency, Endogenous Growth, and Ponzi Games. Journal of Monetary Economics 32, 79–104.

[131] Kiyotaki, N., Moore, J., 1997. Credit Cycles. The Journal of Political Economy 105, 211–248.

[132] Kocherlakota, N., 2009. Bursting Bubbles: Consequences and Cures.

[133] Kocherlakota, N.R., 1996. Implications of Efficient Risk Sharing without Commitment. The Review of Economic Studies 63, 595–609.

[134] Koopmans, T.C., 1965. On the concept of optimal economic growth.

[135] Kost, K., 2020. Trade Policy Uncertainty, Investment, and Lobbying (PhD Thesis). The University of Chicago.

[136] Kotlikoff, L.J., Spivak, A., 1981. The Family as an Incomplete Annuities Market. Journal of Political Economy 89, 372–391.

[137] Kydland, F.E., Prescott, E.C., 1982. Time to Build and Aggregate

Fluctuations. Econometrica: Journal of the Econometric Society 1345–1370.

[138] Laczó, S., Gierlinger, J., 2012. Matching and Self-Enforcing Insurance.

[139] Laibson, D., 1997. Golden Eggs and Hyperbolic Discounting. The Quarterly Journal of Economics 112, 443–478.

[140] Lam, D., 1988. Marriage Markets and Assortative Mating with Household Public Goods: Theoretical Results and Empirical Implications. Journal of Human Resources 462–487.

[141] Legros, P., Newman, A.F., 2007. Beauty Is a Beast, Frog Is a Prince: Assortative Matching with Nontransferabilities. Econometrica, 1073–1102.

[142] Ligon, E., Thomas, J.P., Worrall, T., 2002. Informal Insurance Arrangements with Limited Commitment: Theory and Evidence from Village Economies. The Review of Economic Studies 69, 209.

[143] Liu, Z., Wang, P., Zha, T., 2013. Land-Price Dynamics and Macroeconomic Fluctuations. Econometrica 81, 1147–1184.

[144] Marcet, A., Marimon, R., 2011. Recursive Contracts (Economics Working Paper No. ECO2011/15). European University Institute.

[145] Martin, A., Ventura, J., 2012. Economic Growth with Bubbles. American Economic Review 102, 3033–58.

[146] Martin, A., Ventura, J., 2011. Theoretical Notes on Bubbles and the Current Crisis. IMF Economic Review 59, 6–40.

[147] Meng, X., 2012. Labor Market Outcomes and Reforms in China. Journal of Economic Perspectives 26, 75–102.

[148] Mian, A., Rao, K., Sufi, A., 2013. Household Balance Sheets, Consumption, and the Economic Slump. The Quarterly Journal of Economics 128, 1687–1726.

[149] Mian, A., Sufi, A., 2011. House Prices, Home Equity—Based

Borrowing, and the US Household Leverage Crisis. The American Economic Review, 2132-2156.

［150］Miao, J., Wang, P., 2011. Bubbles and Credit Constraints. Available at SSRN 1779485.

［151］North, D.C., Thomas, R.P., 1973. The Rise of the Western World: A New Economic History.

［152］Nunn, N., 2007. Relationship-Specificity, Incomplete Contracts, and the Pattern of Trade. The quarterly journal of economics 122, 569-600.

［153］Pástor, Ľ., Veronesi, P., 2013. Political Uncertainty and Risk Premia. Journal of Financial Economics.

［154］PáSTOR, L., Veronesi, P., 2012. Uncertainty about Government Policy and Stock Prices. Journal of Finance 67, 1219-1264.

［155］Pierce, J.R., Schott, P.K., 2016. The Surprisingly Swift Decline of US Manufacturing Employment. American Economic Review 106, 1632-1662.

［156］Poncet, S., Steingress, W., Vandenbussche, H., 2010. Financial Constraints in China: Firm-Level Evidence. China Economic Review 21, 411-422.

［157］Ramsey, F.P., 1928. The Mathematical Theory of Saving. The Economic Journal 38, 543-559.

［158］Rauch, J.E., 1999. Networks versus Markets in International Trade. Journal of international Economics 48, 7-35.

［159］Rawski, T.G., 2002. Will Investment Behavior Constrain China's Growth? China Economic Review 13, 361-372.

［160］Redding, S.J., 2016. Goods Trade, Factor Mobility and Welfare. Journal of International Economics 101, 148-167.

［161］Revenga, A., 1997. Employment and Wage Effects of Trade Liberalization: The Case of Mexican Manufacturing. Journal of labor Economics 15, 20-43.

［162］Romer, P.M., 1990. Endogenous Technological Change. Journal of Political Economy 98.

［163］Romer, P.M., 1986. Increasing Returns and Long-Run Growth. Journal of Political Economy 94, 1002-1037.

［164］Rosenzweig, M.R., 1988. Risk, Implicit Contracts and the Family in Rural Areas of Low-Income Countries. The Economic Journal 98, 1148-1170.

［165］Rosenzweig, M.R., Stark, O., 1989. Consumption Smoothing, Migration, and Marriage: Evidence from Rural India. The Journal of Political Economy 905-926.

［166］Saint-Paul, G., 1992. Fiscal Policy in an Endogenous Growth Model. The Quarterly Journal of Economics 1243-1259.

［167］Schulhofer-Wohl, S., 2006. Negative Assortative Matching of Risk-Averse Agents with Transferable Expected Utility. Economics Letters 92, 383-388.

［168］Segerstrom, P.S., Anant, T.C.A., Dinopoulos, E., 1990. A Schumpeterian Model of the Product Life Cycle. The American Economic Review 80, 1077-1091.

［169］Solow, R.M., 1956. A Contribution to the Theory of Economic Growth. Quarterly Journal of Economics 70, 65-94.

［170］Song, Z., Storesletten, K., Zilibotti, F., 2011. Growing like China. The American Economic Review 101, 196-233.

［171］Stiglitz, J.E., Weiss, A., 1981. Credit Rationing in Markets with Imperfect Information. The American economic review 393-410.

［172］Swan, T.W., 1956. Economic Growth and Capital Accumulation. Economic Record 32, 334-361.

［173］Tombe, T., Zhu, X., 2019. Trade, Migration, and Productivity: A Quantitative Analysis of China. American Economic Review 109, 1843-1872.

［174］Townsend, R.M., 1994. Risk and Insurance in Village India. Econometrica: Journal of the Econometric Society 539-591.

［175］Van Wincoop, E., 1994. Welfare Gains from International Risksharing. Journal of monetary economics 34, 175–200.

［176］Wacziarg, R., Wallack, J.S., 2004. Trade Liberalization and Intersectoral Labor Movements. Journal of international Economics 64, 411–439.

［177］Wang, C., 2015. Crony Banking and Local Growth in China.

［178］Wang, S., Chan, S.H., Xu, B., 2012. The Estimation and Determinants of the Price Elasticity of Housing Supply: Evidence from China. Journal of Real Estate Research 34, 311–344.

［179］Wilson, R., 1968. The Theory of Syndicates. Econometrica 36, 119–132.

［180］Wu, J., Gyourko, J., Deng, Y., 2013. Is There Evidence of a Real Estate Collateral Channel Effect on Listed Firm Investment in China? National Bureau of Economic Research.

［181］Wu, J., Gyourko, J., Deng, Y., 2012. Evaluating Conditions in Major Chinese Housing Markets. Regional Science and Urban Economics 42, 531–543.

［182］Xu, X., 2008. Consumption Risk-Sharing in China. Economica 75, 326–341.

［183］Zhang, J., 2003. Investment, Investment Efficiency, and Economic Growth in China. Journal of Asian Economics 14, 713–734.

后　记

　　统一市场建设是一个复杂而关键的领域，对于我们的社会和经济发展具有重大意义。本书试图探讨统一市场建设的重要影响因素并提供相关的政策分析。

　　我们要再次强调统一市场建设的重要性。统一市场的建设可以促进跨境贸易和投资，消除贸易壁垒，促进经济增长和就业机会的增加。它可以创造一个更加公平和充分竞争的市场环境，为企业和消费者带来更多机会和福利。本书的主要内容涵盖影响统一市场建设的各种关键因素。我们深入研究了区域壁垒、风险共担和冲击传导等方面的问题。我们分析了这些因素对统一市场的影响，提出了一系列政策建议和措施，以促进统一市场的发展和繁荣。然而，统一市场建设是一个不断发展和演变的过程，仍然存在许多未知和待解决的问题。未来研究可关注统一市场与创新、竞争政策、要素价格改革等的关系，以及在新发展阶段推进统一市场建设的新思路、新举措等。

　　本书中的内容是我利用所学知识，在这一方向的一些思考。我非常感谢博士在读期间指导我研究的博士生导师 Tim Kehoe。同时，感谢中国人民大学经济学院的领导和同事给我的无私帮助。我要感谢所有为这本书的完成贡献力量的人，尤其是我的研究合作者和学生们，李三希、王春阳、刘凯、刘鼎铭、孙丹、晏斌扬，感谢你们的付出，也要感谢出版团队的辛勤工作和付出，使这本书能够顺利面世。

　　此外，还要感谢我的家人。感谢我的爱人，感谢你一直以来的理解和包容。感谢我可爱的女儿，感谢你给我带来的快乐和幸福。

希望这本书能够成为有益的参考资料，为我们共同迈向一个更加统一和繁荣的市场做出些许贡献。我期待着未来的研究和实践，为统一市场建设方面带来更多的进展和成果。

陈朴

2024 年 12 月